費用ゼロで空き家を活用する方法、教えます。

藤川孝太郎
（あいち空き家活用センター代表）

はじめに

はじめまして。愛知県で空き家再生利活用事業に取り組んでいる、空き家活用センター代表・藤川孝太郎と申します。

現在日本では、人口減少、高齢化を背景に、相続した後にそのまま放置されてしまう空き家の数が増え続けています。倒壊のリスク、治安や景観の悪化を懸念して、政府としてもさまざまな対策を講じてはいますが、なかなか改善していないのが現状です。

「空き家活用」とは、簡単に言うと、こういった増え続ける空き家を、購入したり、売買や賃貸のお手伝いをしたり、管理を担ったり、オーナーさんの負担にならないかたちで活用するお手伝いです。

私は大学を卒業して社会に出てから約20年間、リノベーション事業、銀行での融資、不動産会社での住宅販売、投資用不動産の仲介などさまざまな仕事を経験してきました。これらの仕事で得た知識と経験をすべて活かせるのが空き家事業だと思い、会社を辞めて一念発起して起業し、現在は不動産業と空き家再生事業に取り組んでいます。

「空き家活用のお手伝い」といっても、具体的にどんなことをしているのかイメージが湧きづらいと思うので、この本では順を追って説明していきますね。

第1章では、増え続ける日本の空き家の現状と政府の対策、現状を踏まえて私が空き家活用事業に取り組もうと思った理由、いままで私が携わってきた仕事が空き家活用にどのように役立っているかなどをお話ししていきます。

第2章では、多くの不動産会社が仲介、買い取り（再販）、管理をお断りするような「ダメ空き家」でも私が断らずにお引き受けしている理由と、具体的にオーナーさんにどのような提案をしているのかをご紹介します。

第3章では、オーナーさんに負担をかけずに空き家を活用する仕組みについて詳しくご説明していきます。

そして第4章では、さまざまな「ダメ空き家」を実際にどのように活用し、再生していったのかという事例を、家ごとのドラマも含めてご紹介していきたいと思います。


空き家が増え続けているということは、空き家を管理できず持て余している人も増え続けているということです。ご自身はもちろん、ご親戚やお知り合いで空き家を管理しきれず困っている方がいらしたら、この本を読んで、今後の空き家活用の指針としていただけたら幸いです。

目次

第2章

「ダメ空き家」でも活用する方法はある！

第３章

オーナー永年費用ゼロ＋ノーリスクモデルのしくみ

第4章 「ダメ空き家」再生の実例とオーナーの声

第1章

私が空き家再生の駆け込み寺をはじめた理由

増え続ける空き家はもはや日本の社会問題

現在、全国の空き家の数は９００万戸となり、これは住宅全体の13・８％を占めています（２０２３年10月　総務省「住宅・土地統計調査」より）。人口減少や高齢化などを背景に空き家の数は全国各地で増え続け、30年前のおよそ２倍、過去最高となっています。

総務省によると「使用目的のない空き家の割合が増加しており、単身高齢者などが亡くなったあと、相続人がいなかったり、遠方に住んでいたりして活用されない住宅が増えている」ということです。

放置された空き家には、倒壊のリスクや、治安や景観の悪化につながるなどの懸念もあり、増え続ける空き家は、もはや日本の社会問題となっているのです。

行政としても、2015年に「空家等対策特別措置法」を施行し、増え続ける空き家への対策を講じてきました。

この法律では「空き家の実態調査」「空き家の跡地についての活用促進」「適切に管理されていない空き家への『特定空き家』指定」「特定空き家に対する行政指導」が定められていて、所有する空き家が「特定空き家」に指定されてしまうと、段階的に固定資産税の住宅用地特例解除（固定資産税が最大6倍になる）や罰金、行政代執行による解体とその費用請求といったペナルティが科される可能性があります。

放置空き家に対する法律はどんどん厳しくなっている

しかし、すでに老朽化して放置されている空き家を特定空き家に指定しても、現実的には改善はなかなかなされませんでした。そこで国は、2023年12月に「空家等対策特別措置法」をより厳しい内容に改正しました。

「すでに危険な状態にある空き家」を対象とした特定空き家だけでなく、「今の状態のまま放置すれば、特定空き家になる可能性のある空き家」に対しても、「管理不全空き家」として適正な管理を指導・勧告することになったのです。

行政からの指導に従わずに、改善勧告を受けてしまうと、特定空き家に指定された場合と同様に、固定資産税の住宅用地特例を解除されてしまいます。

管理不全空き家は特定空き家よりも多くの物件が該当しますので、空き家を所有していて、「特定空き家に指定されるほどではないからまだ放置していても大丈夫」と思っていた人にも大きな影響が及ぶのです。

さらに、2024年4月からは、空き家対策、所有者不明不動産対策の一環として、家や土地を相続する際に所有者が「相続不動産の名義変更」を行うことが法律で義務付けられました。相続登記をしないと、罰金、賃貸不動産の場合は賃料が受け取れない、不動産を担保にした融資が受けられない、売却ができないなどのリスクが発生します。このように、放置された空き家に対する法律はどんどん厳しくなっているのです。

特定空き家、管理不全空き家になった場合の代執行までの段取り

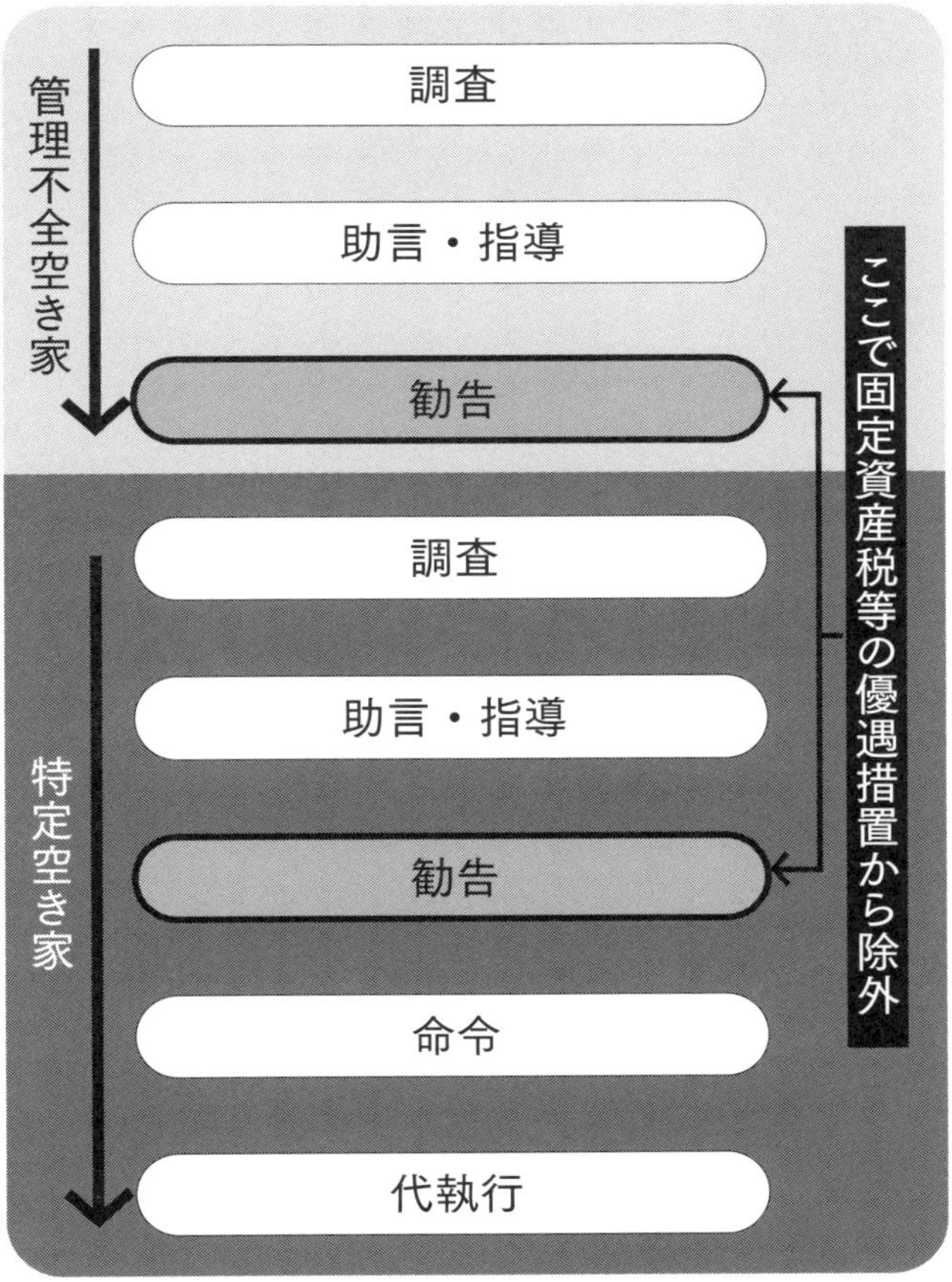

空き家のオーナーさんもお手上げ状態でどうしていいかわからない

現在私は愛知県知多市に住んでいますが、知多のような郊外だと、実際に住宅街を歩いていれば10軒に1〜2軒は確かに空き家になっていて、全国平均より多く感じるくらいです。草はボーボーだし、木も生い茂っていて、虫もたくさん飛んできて、時にはたぬきやハクビシンなどの動物が住み着いて、糞尿による悪臭が発生している場合もあります。オーナーさんよりもご近所に住む方のほうが困っている場合が多いです。

けれど、オーナーさんにしてみれば、草刈りだって、シルバー人材センターの方に頼むと安くても1回数千円かかって、それが年に数回あれば数万円。遠方に住んでいれば年に1回か2回見に来るだけで往復の交通費もバカにならないし、固定資産税もかかる。台風のたびに倒壊していないか心配で見に来るというオーナーさんもいらっしゃいます。ご両親が住んでいた家を相続した場合

草はボーボー、動物が住み着いているような空き家が全国で増え続けている

は、家の中に遺品がたくさんあって、手がつけられないとなって放置するしかない……。

遺品整理を外注しようとすると少なくとも50～60万円はかかりますが、かといって自分で整理しようとすると、故人のものをそのままゴミとして処分するわけにもいかない。少しずつ確認しながら片付けていて、写真など昔のことを思い出す資料が出てきたりしたら、ご家族はどうしても手が止まってしまいますよね。

せっかく遠方から何時間もかけて実家に帰ってきて遺品整理に取り組んでも、なかなか進まないままもう何年も空き家状態です、というお手上げ状態のオーナーさんがたくさんいらっしゃいます。

そんな空き家が、今後さらにすごい勢いで増えていくといわれています。高齢化が進む中で、あと10～15年もすれば、私の住むあたりも半径500m以内で両手じゃ足りないくらいの数の家が空き家になるのだろうなと感じています。

しかもそれが、全国で同じ状況が進んでいると考えると恐ろしいですよね。地域社会にとっても深刻な問題ですし、オーナーさんにとっては精神的にも金銭的にも大きなストレスです。

自治体の「空き家バンク」はほとんど機能していないのが実態

空き家対策として、空き家物件情報をホームページ上などで公開して、賃貸や売買を希望する方に情報を提供する「空き家バンク」制度は、現在ほとんどの市町村が実施しています。しかし、力を入れている市町村はほんの一握り。ほとんどの自治体は開設しただけで更新もしていません。

本来の空き家活用目的ではなく、解体前提の販売目的で登録している不動産屋さんもいたりするので、本来600～700万円で買えるような中古住宅を、解体費用を上乗せして売っていたり……。

そんなふうに、実質あまり機能していない空き家バンクの運営、前述のような実態調査、空き家の状況把握のために多額の税金が使われているのです。さらに、結局持ち主の調べがつかないところも増えていて、所有者不明不動産という新たな問題も発生しています。

「不良債権」化したダメ空き家を再生したい

私が取り組んでいるのは、そんな「不良債権」化したダメ空き家をローコストでリノベーションし、賃貸物件として生き返らせたり、物件を解体してまっさらな土地として買主を探したりする再生事業を、オーナーさんの負担ゼロでお手伝いする事業です。

遺品整理からお任せいただいた場合は、リユースができるものや骨董品など、換金できるものについては換金したうえでオーナーさんに還元しています。

オーナーさんの負担ゼロで何故そんなことが可能なのかという仕組みはのち

ほど詳しくご説明しましょう。

本書では、私が空き家再生事業をはじめた経緯、他社だったら断るような「ダメ空き家」物件でも私たちが断らない理由、オーナーさん、借主、買主誰もが幸せなかたちで空き家を利活用する方法、実際に取り組んだ空き家再生事例をご紹介・解説していきます。


正直、空き家再生事業は、そんなに大きな利益が出るビジネスではありません。しかし、不動産、金融でさまざまな仕事を経験してきた自分のスキルが存分に活かせるビジネスに挑戦したい。増え続ける空き家と、それに伴って発生する社会問題を解決したい。相続した物件を売ろうにも買い手が見つからず、いたずらに固定資産税を払い続けて困っているようなオーナーさんの力になりたい。

そんな思いから空き家再生事業に尽力するようになりました。

大規模リノベーションの黎明期に携わった経験が今に生きている

もう20年ほど前になりますが、大学を卒業してすぐに入ったのが東京の不動産ベンチャー企業で、私はその会社の新卒一期生でした。

今ではメジャーなビジネスモデルですが、当時はまだあまりなじみのなかったフルリノベーション物件の販売を手掛けていました。就職氷河期の少し後の時期で、勢いのあるベンチャー企業がメディアでも取り上げられている時期だったので、いくつか内定をいただいた会社のなかでも一番将来性があっておもしろそうだなと思ってその会社に就職を決めたのです。

スケルトンの状態から、予算に合わせて何パターンかのリノベーションプランを提案して販売するのですが、お客様がカスタマイズできる自由があることで満足度が上がること、そして根底には既存の建物を利用することで環境負荷も低いビジネス展開ができるということに非常に魅力を感じました。「これからの時代は不動産ビジネスもサスティナビリティが重要になっていくから確実に需要は増える」という先見の明のある会社だったのです。

新卒で入って最初に配置された現場が千葉にある大企業の社宅だったのですが、当時では珍しい一棟丸々をリノベーションするという案件で、多くのメディアにも取り上げていただきました。

内装はもちろん、コンクリートの密度を調べたり、レントゲンを撮ったり、今でいう建物診断もしっかりやって、調査のエビデンスを示してお客様にお渡しするまでを勉強することができました。

新築物件の価格高騰もあいまって、いまでは主流になってきている中古物件の大規模リノベーションですが、その黎明期に携われた貴重な経験です。

自分の根底にずっと、リノベーション、ひいては「既存のものを再利用してみんなが幸せになれるビジネス」への強い思いがあるのは、最初の会社での経験が糧になっているからなのだと思います。現在私が空き家再生事業に取り組むようになったのも、この会社での経験があるからです。

「困っている人を助けたい」という思いで中小企業の融資業務に転職

そして3年ほどその会社に勤めた後、結婚して、妻の勤務先でもあった故郷・愛知県で働くために転職を決意しました。

折しもリーマンショックの直後だったこと、やりがいのある会社だったとはいえ前職が名もない中小ベンチャーだったこともあって、転職は非常に厳しかったのですが、何とか愛知県の銀行に転職が決まりました。

自分自身、最初に勤めた会社がベンチャーということで苦労したので、転職先では中小企業を支援できる仕事をしたいと思っていました。中小企業の融資に強い銀行だったこともあり、経営者の方々にアポイントをとって融資を提案するという営業の仕事をそこで一から学びました。

社会貢献というほど大それたものではないのですが、利益を上げることはもちろん大事だけれど、自分の経験やスキルを活かして困っている人を助ける仕事をしたいという強い思いはこのころからあったように思います。

しかしその後、勤務先の銀行がまさかの経営破綻。奇しくも初めてのペイオフ（金融機関が破綻した際に「元本1000万円とその利息」までは預金の払い戻しに応じるが、これを超える部分は支払額が一部カットされる仕組み）発動ということで当時は話題になりましたが……。

とにもかくにも再びの転職活動を余儀なくされ、今度は不動産仲介の仕事に携わることになりました。

不動産仲介業に転職し宅建を取得

前々職では不動産販売しか担当してこなかったのですが、ここで初めて仲介業に携わることになり、個人営業として住宅販売を、法人営業として事業用と投資用の不動産の仲介を担当しました。そのなかで宅地建物取引士の資格を取得したり、取引のための細かい法律関連の知識も学ぶこともできました。

もともと関東圏で1位の不動産流通会社でしたが、愛知県でのシェアもどんどん大きくなっていき、その成長期に携われたことは自分にとって大きな糧になっていますし、何より仲介業というのは利益を上げることだけでなく、法律的な問題をすべてクリアにして、お客様に安心していただいて安全に取引をすることが非常に大事なのだということを叩きこまれました。

古い空き家は、再建築が難しかったり、法律的にも複雑な問題が多いのですが、お客様の要望に寄り添ってひとつひとつ解決し、取引を進めることができているのもこの会社での経験のおかげです。

空き家再生こそ自分の天職だ！

ただ、規模の大きな会社ゆえに、家を売りたいけど買い手がいなくて困っているというような個人のお客様のご相談は、利益が少なすぎるからという理由で断ってしまっていたんですね。

そんなときに、空き家活用というビジネスモデルが少しずつ広がっていることを知ったんです。本当にたまたま、スマホを見ていたら広告が出てきて（笑）。

全国で増え続ける空き家の問題も表面化してきていたので、直感的に「コレだ！」と思いました。1社目でのリノベーションの知識、銀行で培った融資・

投資の知識、そして仲介業で得た不動産取引の知識と宅建の資格。今までの知識とスキルをすべて活かして、社会貢献にもつながる仕事ができる！

これこそ自分の天職だと思って、空き家活用ビジネスのオンラインスクールで勉強し、独立を決意しました。

独立して事務所を構えたのが、出身地であり土地勘のある愛知県知多市です。空き家再生事業をはじめるなら、まずは習うより慣れよ、百聞は一見に如かず、ということで、空き家になっていた親戚の実家を自宅兼事務所として活用させてもらうことにしました。元々農家なので敷地も広くて200坪あり、間取りは9DKで240平米。自宅兼事務所としては十分すぎる広さです。

1000万円かけて空き家をリノベーションして住むことに。

築40年近かったのですが、手を入れれば問題なく快適に住めるものですね。

水回りやキッチンは今のものに変えたかったので、1000万円かけて内装と

↓

約200坪ある9DKの家を、自宅兼事務所として改装しました

洗面所などの水回りも整備し、80万円ほどのリノベーション費用が掛かりました

↓

古き良き昭和の家を、1000万円かけてモダンなキッチンとリビングに生まれ変わらせました

外溝はしっかりリノベーションしたのですが、もともとの古い農家の家からは見違えるように綺麗になりました。お客さんがいらして、中に入ると、外観からは想像できない室内で、とても綺麗でみんなびっくりするんですよ（笑）。

古い木造家屋も、手を入れれば快適に住めるのだということを実感できたのも、空き家再生事業に取り組むうえで大きな強みになっています。

リノベーションの際には、リフォーム業者さんと細かく相談しながら進めたので、これくらいのことをやるといくらくらいの金額がかかるかとか、賃貸に出して利回りを重視するならここは別に必要ないとか、これはＤＩＹで十分といった判断もできるようになりました。

実際いまの家も壁は何か月もかけてほとんど自分で塗りましたし、空き家再生事業をはじめてからも、資格が必要な電気工事とか水回りの工事以外はなるべく自分でやろう！というスタンスで取り組んでいます。

空き家のオーナーさんにも借主さんにも、実際に空き家を活用して住んでいる経験者としてお話しできることは、信頼感につながっていると思っています。

空き家再生が地域社会活性化のカギ

東京では、物件価格の高騰も相まって中古マンションのリノベーションがかなり浸透していますが、愛知では今でも新築信仰が強く残っています。ある程度はマンションの再販がありますが、事務所を構えた知多市のエリアはマンション自体がほとんどない。地元の人たちは元々土地はあるので、敷地内に新しい家を建てたり、土地を売り買いして新築するのが普通です。

でも、地域社会の今後を考えたら必ずしも新築にこだわらず、ローコストで空き家をリノベーションして、古い代わりに低家賃で住めるように貸し出す選択肢があったほうが、地域の活性化にもつながると思いませんか？

オーナーさんはわれわれに物件管理を任せることで管理の手間から解放され、大きな金額ではないですが家賃収入または売買益を得ることもできます。金銭的な理由やそのほかの理由で、低家賃ながら広い家を探している借主さんにとっても大きなメリットです。

空き家再生をはじめて4年、退去は0件

今私が主に取り組んでいるのは戸建ての再生事業ですが、低家賃の家、古くてもいいから広い家を探している方は実はたくさんいらっしゃいます。

高齢で収入が少なく、なかなか賃貸の審査に通らない方。複数のペットを飼っていて、それをOKしてくれる物件がなかなかなくて困っている方。趣味で車やバイクをたくさん持っていて置き場が欲しい方。家庭菜園が趣味で、家

の庭でしっかり農作業をしたい方。
最近では外国人の技能実習生の方々を雇用していて、寮として大きな一軒家を借りたいという経営者の方も増えていらっしゃいます。

戸建ての賃貸のニーズというのはこのように多くあるのですが、やはり相場が高いんですね。アパートを月4万円で借りられる地域でも、戸建てを借りようと思うと倍以上します。金額的にとても手が出ないという方が多い中で、われわれは古い空き家をなるべくお金をかけずにリノベーションして、低家賃で貸し出しているので、今まで募集をかけた物件はすべて借り手が決まって埋まっています。

空き家再生事業をはじめて4年目になりますが、今のところ退去は0件。もともと戸建ては一度住むと長く住む傾向がありますが、家賃が安く、更新料も基本いただいていない分、草取りや軽微な修繕などは入居者さんにお任せしているので、そのことが家への愛着につながっているのかもしれません。

天井が落ちている家も活用法があった

戸建て以外で、借り手を見つけるのはかなり難しいと思われた物件を活用した事例もあります。

相当古く、何十年もの間空き家になっていたために、動物が入って天井が落ちていたり、床が抜けていたりした2軒長屋です。1軒は最近まで人が住んでいたので、ある程度リフォームすれば使えるだろうということで、最低限のリフォームをして入居者さんに使っていただきました。もう片方はさすがにどうにもならないかと思ったのですが、結果的に、工務店さんに材料用の倉庫として格安で貸し出すことができたのです。

空き家には、このような住居以外の利用方法もあるのです。見た目が戸建てだからって、戸建てとしてしか使用できないわけではないので、常に自由な発想でローコストで実現できる活用法を考えています。

このように、ボロボロで買い手がつかないしお手上げだとあきらめているダメ空き家も、工夫をすれば活用方法を見つけ出すことは可能なのです。

本書をきっかけに、空き家を持て余して困っているオーナーさんが、空き家活用への第一歩を踏み出していただけたら、そしてそれが少しでも地域社会の活性化につながったら、それこそが私にとっての大きな喜びです。

第２章

「ダメ空き家」でも活用する方法はある！

第1章では、現在の日本で増え続ける空き家の実態と問題点、そして私が何故空き家再生事業に取り組むようになったかをお話ししました。

第2章では、多くの不動産会社が売買仲介、賃貸仲介、買い取り（再販）をお断りするような「ダメ空き家」を私が断らずに活用している理由と、オーナーさんにどのような提案をしているのかを説明していきます。

物件ごとのメリットを明確にして借主とマッチングさせる

そもそも、「売れる」もしくは「借り手がつく」空き家と、「売れない」「借り手がつかない」空き家にはどんな違いがあると思いますか？

物件の価値を決めるのは、築年数、立地、間取り、平米数など複数の要素があり、その総合点で評価額が決まるということはみなさんご存じだと思います。

そして、条件が悪く、評価額が低いものは売れないし借り手もつかないと考えているのではないでしょうか。

それがそもそもの誤解なのです。

第1章でも少しお話ししましたが、駅から遠くて、築50年を超えていて、内装もかなり古くなっている……という物件でも、最低限のリフォームを施して低価格の家賃で募集をかければ、需要は必ずあるのです。

●高齢のため審査に通る物件、予算内の家賃に収まる物件がなかなかない
●古くても家賃が安く借りやすい物件を探している
●古くて駅から遠いけど、大家族なので広い間取りが魅力的
●ペットをたくさん飼いたい
●近くの工場で働く人の寮として使いたい
●コロナ以降在宅勤務が増えたが、家では落ち着いて仕事ができないので

コワーキングスペースが欲しい

●若いうちにしかできないからこそ、
広い一軒家を借りてルームシェアをしたい

●DIY可能な物件を探している

●住宅用としては使用できない場所でもいいから、
倉庫として活用できるスペースを探している

●農作業をしたいので、大きな庭のある物件を探している

具体的には前述のような方たちからの需要が見込めます。

住むには古すぎるし、リフォームには高額の費用がかかるという場合は、更地にして駐車場や資材置き場として貸し出して活用することもできます。

更地にした土地を販売する場合も、解体費用を賄ったうえである程度の利益があればいいというスタンスで価格を抑えて売り出せば、立地が多少悪くても

買い手はつきやすくなるでしょう。

要は、大きな利益を得ようと欲張らず、物件ごとのメリットを明確にし、需要のある顧客とマッチングさせれば、一般的には資産価値が低かろうと借り手、買い手は見つかるのです。

5社に断られた物件も活用方法を見つけた

たとえば、以前5社くらいの不動産会社に「どうにもならない」と断られた物件の相談をいただいたことがあります。

物件を拝見して、すぐにこれは活用できるなと思いました。その物件は再建築ができないことに加えて、多少白アリが発生していたので、多くの不動産会社がお断りしたのも当然です。しかし、逆に言えばその点さえクリアすれば普通に住める状態だったのです。

オーナーさんは「タダでもいいから手放したい」というお気持ちだったので、この物件は空き家活用センターで破格で買い取らせていただくことにしました。そして、白アリによる被害が発生していた部分はなるべく費用をかけずに大工さんに直してもらい、薬を撒いてリフォームを実施したところ、すぐに借り手が見つかりました。

ほかの物件も、私が再生を任された物件はほぼすべて「ペット可」「高齢者歓迎」「DIY可能」「ルームシェアOK」としていますので、借り手を探すのに苦労したことはあまりありません。

ただ、多くの不動産業者はそうした物件を「かける手間に比して利益が少なすぎる」という理由で、オーナーさんに賃貸や売買の仲介を依頼されても断ってしまうのです。

しかし、私は考え方が違います。

1軒ごとの利益は少額でも、活用できる方法を提案し、活用事例を増やしていけば最終的に利益は積み上がっていきます。そして、活用事例の積み重ねが地域の活性化という自分にとっての大きな目標につながっていくのですから、こんなに喜ばしいことはありません。

高齢者が借りやすい物件を目指すことで社会貢献したい

最近では、長い間賃貸物件で生活してきた高齢者が、物件の建て替えにより立ち退きを余儀なくされ、新しく住むところが見つからないというケースも増えて、社会問題化しつつあります。

賃貸運営をしている一般的なアパートやマンションのオーナーさんからする

と、物件が古くなれば稼働率が悪くなり、家賃を下げてもなかなか入居者が決まらなくなってくるので、建て替えを検討するようになります。

日本は賃貸契約において借主の権利が強いので、基本的には貸主から借主に退去通知をするのは難しいのですが、旧耐震の物件に関しては、耐震性を理由にした建て替え及び、(立ち退き料の支払いを前提とした)立ち退き請求が認められやすくなってきているのです。

建て直した物件においては家賃も新築価格となり、建て替え前の賃料の2～3倍ということも珍しくなく、年金暮らしでほかに収入もない高齢者の場合、とても同じ場所に住み続けることはできません。

私は、空き家活用を通して、そんな状況の高齢者の方が低家賃で暮らせる物件を提供し、社会貢献したいという考えも持っています。

オーナーさんには常に複数の選択肢を提案する

さらに、現在私は、空き家再生事業と通常の不動産事業を並行して運営しています。その強みを活かして、他社にはない広い視野でオーナーさんに複数の選択肢を提案することを心掛けているのも、通常の不動産会社とは異なる点です。

不動産会社がオーナーさんに空き家をどうにかしたいと相談された場合は、通常中古住宅として売買する仲介、解体して土地として売買する仲介、賃貸の仲介（リフォームはオーナー負担）、不動産会社による購入（再販）などのうちから不動産会社にとって手間が少なく利益が大きい選択肢のみを提案し、価格設定についても「相場はこれくらいだから」という曖昧な基準で決めてしまうことがほとんどです。そして、そもそも選択肢にそぐわない、手間に比して利益が少ない物件は断ってしまいます。

ですが、私は1軒に対して空き家再生事業と不動産事業の両方の視点から、「中古住宅としての売買の仲介」「解体して土地として売買する仲介」「賃貸の仲介」「複数の不動産会社の買取額・条件を比較してもらったうえでの空き家活用センター（不動産会社）による買取（再販）」、そして「オーナーさんの費用ゼロで賃貸に出し、管理を丸投げで空き家活用センターに任せた場合（丸投げ活用）」と、複数の選択肢を示し、それぞれのメリット・デメリット、価格設定の理由を提案書にまとめて丁寧に説明させていただいています。

その結果、オーナーさんには複数の選択肢から最も納得できる活用方法を決めていただくことができているのです。

「藤川さんみたいな提案はほかになかった」

以前、親御さんから相続した物件の売買希望で相談にいらした方に、「売買仲介もできますし、シンプルに賃貸仲介することもできるし、私どもに管理を丸投げしてもらえれば賃料収入は少なくなるけど、初期投資ゼロで管理も不要で活用することもできますよ」と逆提案をしたこともあります。

そのお客さんは、いわゆる一括査定サイトで複数の不動産会社さんに売却査定の相談をしていて、そのうちの1社が私のところでした。

ほかの不動産会社は「築年数的にも解体して土地で売りましょう」「高低差がある場所なので、今の建築基準法に則ると地盤が崩れるのを防ぐための擁壁が必要で、それにお金がかかりますので、手元に残るのは微々たる金額ですね」と、手間が少ない、解体して土地として販売するという一択の提案だったようなのですが、私は複数の再生活用方法をご提案しました。

結論が出るまでに半年くらいかかったので、かなり迷われたとは思うのですが、「いろんな不動産会社でいろんな話を聞いたけど、藤川さんみたいな提案はほかになかったので、それでやってみたい」と、最終的には私が提案する丸

なぜ複数の選択肢を提案できるのか

**空き家再生業者の
提案内容**

- 賃貸仲介
- 丸投げ活用

**不動産会社の
提案内容**

- 賃貸仲介
- 売買仲介
- 更地にして
  土地として販売
- 不動産会社による
  購入（再販）

空き家活用センターはこれらすべてを選択肢として提案することができる

投げ活用を選んでいただきました。

家を解体して土地として売る場合にもリスクがある

不動産業者が古い物件の活用を相談された場合に、買い手がつきそうな場所であれば家を解体して土地として売る提案をすることが多いのは、手間が少なく利益が得られるからです。

現在私が事業を展開している愛知県知多半島あたりですと、一戸建て用の土地（約50坪で想定）の価格が１０００～１５００万円程度なので、売却の経費、仲介手数料から解体費用、測量費用、さらに税金を考えるとオーナーさんの手元に残るのは売却額の半分くらいでしょうか。しかし、前述したように擁壁工事が必要な場合などは、工事費用を差し引くとオーナーさんの手元にはほとんど残らないことも少なくありません。

家を解体した後で契約が破談になった場合は、解体費用をオーナーさんが自費で負担しなければならないというリスクもあります。そして、一度更地にしてしまうと、小規模住宅用地の特例という減税制度が適用されなくなり、固定資産税は最大6倍、都市計画税は3倍になってしまいます。トータルとして支払う税金が高くなってしまう可能性もあるのです。

こうしたリスクを鑑みると、複数の選択肢があるなら、無理に家を解体せずに賃貸活用したほうがよいのではと考えるオーナーさんもいるのではないでしょうか。

資産価値だけではない物件の価値や物語も大事にしたい

前述の例に挙げた物件は、亡くなられた親御さんがリフォームもしていたので、築年数に比してとても綺麗な物件でした。解体して土地として売ってしまうのであればそんなことは関係ないとなってしまいますが、賃貸に出すとなれば改修費用が少なくて済みますから、大きなメリットとなります。

せっかく親御さんが綺麗にリフォームして遺してくださったのだから、そのまま活用してあげるほうがオーナーさんにとってもよかったのではないかなと思っています。

多くの不動産会社は物件を資産価値でしか判断しないと思いますが、オーナーさんにとっては、ご両親が大切に手入れして住んできた家ですから、手直しをして誰かが住んでくれたほうが喜ばしいですよね。

私はこうした視点も忘れないようにしています。

「先祖代々の土地を売るなんて」。地方ゆえの複雑な事情

これは私が住んでいるような地方特有の事情なのですが、「本当は売りたいんだけど、親戚の目があって売れない」という方に丸投げ活用を提案するケースも結構あります。

要は、先祖代々の土地なので、親戚がみんな近くに住んでいるんですね。地方に行くと同じ苗字の方が集まっている集落がありますが、あれはどんどん分家が増えていっている状態で、分家も本宅も誰かが売りに出しちゃうと妬みやっかみが出てくるというのはよくある話です。「先祖代々の土地を売ってしまうなんて、なんてことをしてくれたんだ」と。

それで、親戚との関係にひびが入ってしまうのも困るので、本当は売りたいけど売れない。古いからそのままでは賃貸にも出せない。どうしたらいいのか

……と困っている方には、丸投げ活用は非常にメリットがある方法だと思います。

「空き家ビジネス素人」にはご注意を！

ただ、最近では「空き家ビジネス」という言葉が独り歩きしている側面もあり、不動産関係の専門知識がほとんどないままに副業で空き家再生事業に参入するような人も増えています。

知識も元手もないまま空き家ビジネスをはじめた素人に物件管理を任せるのはリスクが大きすぎますので、くれぐれも注意してください。

空き家再生事業をはじめてすぐのころ、歩いて地元の空き家調査をしていたときの話です。複数の空き家に「オーナー様へ　空き家利活用のご提案」といった貼り紙がされていたのです。空き家ビジネスにはいくつかのオンラインスクールがあって、私も起業前に受講したのですが、貼り紙の文面はそのスクールで紹介されていたテンプレートそのままでした。

スクールでは「空き家はとにかく歩いて見つける。情報は足で稼ぐ」「空き家のオーナーがわからなければまずは近所の人に聞いてみる」「近所の人に聞いてわからなければ手紙をポストに入れてくる」「最終的には玄関に貼り紙をしてくる」といったいくつかのセオリーが紹介されるのですが、その通りの方法でオーナーを探していたのでしょう。不動産取引の知識があれば、建物登記簿謄本を確認するなど、もっとほかにオーナーを調べる方法を知っているはずなのですが……。

結局、同じ貼り紙がされていた空き家できちんと活用されている物件は私の知る限りひとつもなく、家はすべて解体されて、不動産会社によって土地として売られています。

高額のリノベーションは古い物件にとって意味がない

素人の方が空き家活用に挑戦してよくやる失敗は、リノベーションに300〜400万円の大金を投じて綺麗な物件にして賃貸募集をしたはいいけれど、リノベーション費用回収のために家賃を高く設定せざるを得ず、結局借り手がつかないというパターンです。家賃を下げてようやく借り手がついたとしても、初期費用回収には時間がかかりすぎてしまいます。

大規模なリノベーションを実施して、新築と変わらない綺麗な状態にしたら、費用回収のために家賃も新築同様の価格に設定せざるを得なくなってしまいます。

同じ家賃を払うなら誰だって当然新築に住みたいですから、借り手がつくわけがないですよね。わざわざお金をかけて「低家賃で住みたい人に最低限のリノベーションで貸し出せる」という古い空き家の優位性をなくしてしまっているのです。

ならいっそ家を全部解体して、新しい家を建てて賃貸に出すとしたらどうでしょう。

土地が広くて集合住宅が建つような場所であればそういう考え方もあるかもしれないですが、戸建て用の土地に戸建てを再建築した場合、今は資材価格が高騰していて建築費も高いですから、最低でも２０００万円くらいはかかります。２０００万円投資しても、賃貸収入は年間で上手くいっても１００万円くらいですから、初期投資を回収できるのは早くて20年後。ようやく回収できたと思ったら今度は古くなってきたところの修繕が必要となってきます。家賃についても、新築と同じような価格設定は難しく、下げざるを得なくなる。

そして、20年経った家屋の資産価値はほぼゼロ。そう考えるとわざわざ大きな金額を投資して家を新築して、それを賃貸に出すメリットはほとんどないですよね。

古い家ならではのよさも大事にしたい

そもそも、築年数の経っている古い家というとネガティブなイメージを抱く人が多いかもしれませんが、そんなことはありません。

古い日本の家屋は、鉄筋コンクリート（ＲＣ）構造や鉄骨ではない木造建築がほとんどです。ＲＣ構造や鉄骨のほうが償却期間も法定耐用年数も長く、頑丈で安全だと思われていますよね。耐震基準という意味で考えれば、もちろん強固な構造で、さらに耐震基準を満たしているほうが安全と考えるのは当然です。

しかし、いま現場で多くの木造建築家屋を扱っていると、古い木造家屋って大工さんが本当にきちんと作っているので、建物の構造としてはしっかりしているなと感じます。

あくまで自分の感覚ではありますが、築50年、60年、さらに古い家屋より、バブル崩壊後に建材コストを抑えて建てられた築30年くらいの家屋のほうが、もともとが安普請なので修繕に手間とお金がかかるなと感じることもあるくらいです。現存の建築文化とは全く違う文化の下で建てられており、今の基準や物差しで測れるものではないと思います。法隆寺に近い感覚です。

築50年、60年という古い物件のほうが柱は太いし梁も太い。今の価値観からいうと、瓦が載ってて、壁も土壁でっていうのは見た目的に好まない人もいるかもしれませんが、しっかり作られているので、メンテナンス費用もさほどかかりません。

土壁の物件が多いのですが、中途半端に予算をかけてクロス貼りに替えるよりは、ホームセンターで補修材を買ってきて自分で塗ったほうが、古い建物ならではのよさを活かしながら綺麗にできるので、結果的に風合いがあってオシャレにも見えます。

私自身は、自分の家をリノベーションするときに1000万円ほどの金額をかけましたが、正直、ここは不要だったなとか、ここは自分でやればよかったなというところもたくさんありました。

だからこそ、「ここは改修しなくても快適に暮らせる」「ここはホームセンターに行って材料を買ってくれば自分でできる」などの勘所もわかっています。

手間を惜しまないことが空き家再生成功につながる

副業で空き家ビジネスに手を出す方も多いので、私のように手間と時間をかけられないのは致し方ないことかもしれませんが、そのためにオーナーさんにも、空き家再生業者にとってもメリットのない高額なリノベーションを実施してしまうのでは本末転倒ですよね。

私がやっていることは特殊な技術がいることではなく、家賃を抑えるために自分でやれることは自分でやって、リノベーションコストを抑えるというだけ。しかし、その当たり前のことの大切さがわかっていない、わかっていても面倒くさくて手間をかけることをあきらめてしまうという人が空き家ビジネスの初心者には多いのです。過去には、リノベーションの途中であきらめてしまって、私に頼ってきた方もいらっしゃいました。

空き家の活用を不動産業者に任せるにしても、空き家再生業者に任せるにしても、オーナーさんにとってのメリット・デメリットを具体的にきちんと説明できる相手を選ぶように気を付けてください。

ここまでのお話で、借り手の需要を見極めること、コストを抑えること、手間を惜しまないこと、小さな利益の積み重ねを大事にすること、短期的な利益だけでなく社会貢献につながるかというマクロな視点を持つことで、他社が断ってしまうような物件も私が断らずに再生できたのだとおわかりいただけたと思います。

第3章では、何故この空き家再生を「オーナー負担ゼロ」で実現できるのか、その仕組みを、具体的な数字を交えて詳しく説明していきましょう。

第3章

オーナー永年費用ゼロ＋ノーリスクモデルのしくみ

第3章では、私が空き家再生の際にオーナーさんに提案する選択肢の中の、特に「オーナー負担ゼロの丸投げ活用」の仕組みについて詳しくご説明していきます。

第2章でもご紹介した通り、不良債権化している空き家をどうにかしようと思ったら主に以下の方法が考えられます。

●そのまま売りに出す
●古くなった家を解体して、土地として売りに出す（解体は契約後でOK）
●そのまま賃貸に出す
●リノベーションをして賃貸に出す（リノベーション費用はオーナー負担）

右記の方法で解決できればよいのですが、物件があまりに古かったり、立地条件が悪いと、不動産会社に売買仲介・賃貸仲介を断られてしまうことも少なくありません。

リノベーションを実施すれば借り手がつきやすくなるかもしれませんが、その費用を捻出するのが難しいというオーナーさんもいらっしゃるでしょう。費用を用意できたとしても、その初期投資を回収するのにどれくらい時間がかかるのかも不安ですよね。

オーナー負担ゼロで空き家の丸投げ活用が可能な理由

そこで私がご提案しているのが「オーナー負担ゼロの丸投げ活用」なのです。

そんなうまい話があるの?といぶかしむ方も多いかもしれません。

実際に、今までオーナーさんにこの方法をご提案したときには、「詐欺なのではないか」と疑われて、オーナーさんのご家族、お子様にまで丁寧に説明を尽くしてご納得いただいたこともあります。


しかし、仕組みは至ってシンプルです。

【オーナー負担ゼロ「空き家丸投げ活用」の仕組み】

●所有権はオーナーが保持
●オーナーと空き家活用センターで管理委託契約を結ぶ
●リノベーションと賃貸管理を空き家活用センターに丸投げで任せる
●買い手、借り手がつきづらい古い物件を、
　空き家活用センターでリノベーションして住みやすい状態にする
　（費用が高額になりそうな場合は倉庫などほかの活用法を考える）
●残置物の撤去費用、リノベーション費用は空き家活用センターが負担
●リノベーション費用を低価格に抑えている強味を活かして、
　低家賃で賃貸募集をして、需要のある層とマッチングする
　（募集は不動産業者であるグループ会社が実施）
●賃貸契約が成立し、家賃収入が発生してから、
　空き家活用センターとオーナーで収入をシェアする
　（オーナーへの還元率は物件により異なるが2～5割）

●賃貸管理にかかる費用も空き家活用センターが負担
●固定資産税はオーナー負担
●空き家活用センターは、シェアした家賃収入で初期費用（リノベーション費用）と管理費用を回収
初期費用回収後は家賃収入が利益となる

簡単に説明すると右記のような仕組みでオーナー負担ゼロを実現しているのです。

丸投げ活用の仕組み

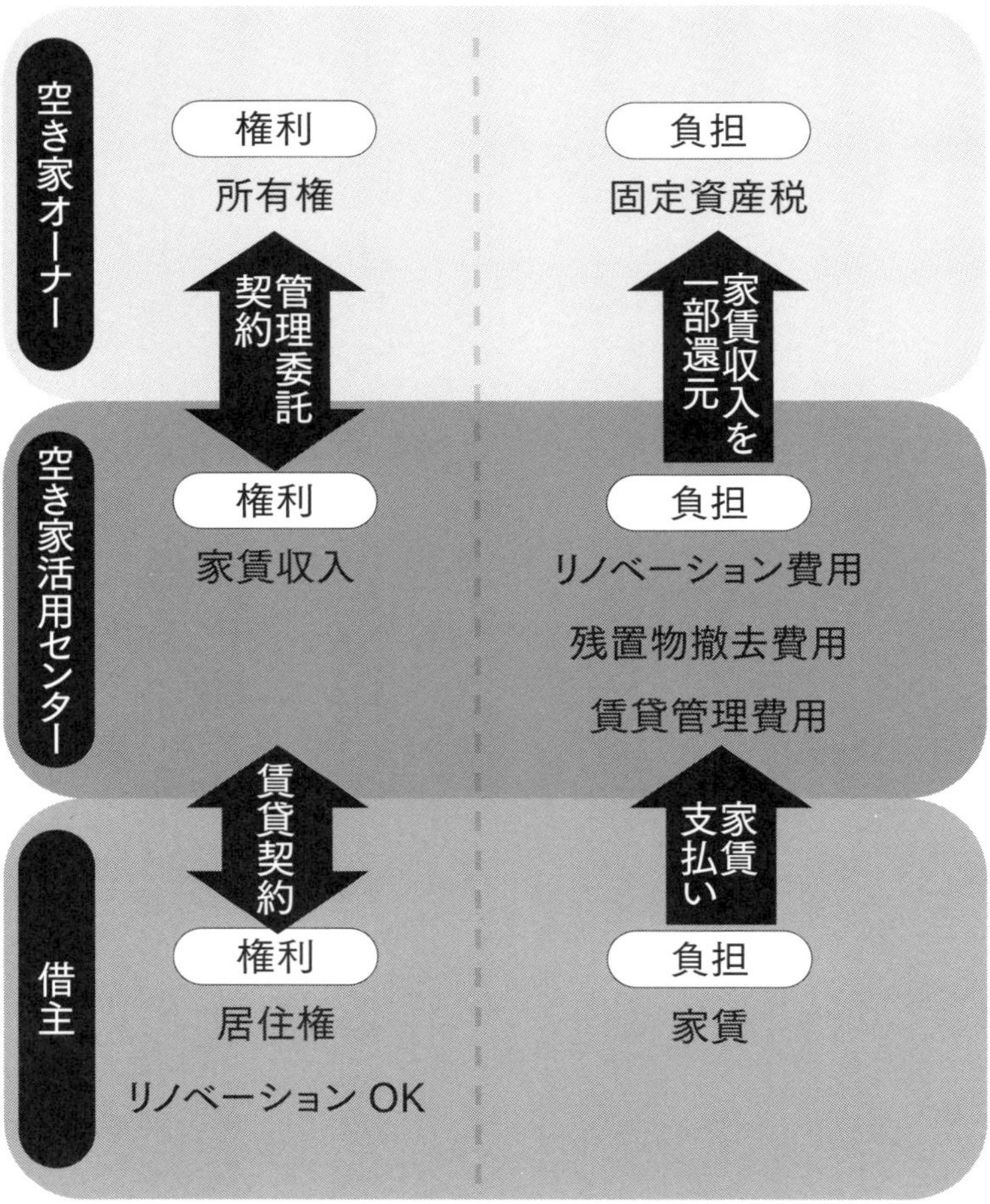
空き家オーナー
権利
所有権
負担
固定資産税
管理委託契約
家賃収入を一部還元
空き家活用センター
権利
家賃収入
負担
リノベーション費用
残置物撤去費用
賃貸管理費用
賃貸契約
家賃支払い
借主
権利
居住権
リノベーション OK
負担
家賃

大まかな仕組みはわかったけど、そんなにうまくいくものなのか……?と思う方もいらっしゃるかもしれませんので、順番にご説明していきましょう。

リノベーション費用を抑えるコツ

まず、古くてそのままでは借り手がつかないような家のリノベーションを、ローコストで実現できるのか? 最低でも200万円くらいはかかるのでは?という疑問があると思います。

しかし、水回りがそのまま使える物件であれば、見た目を綺麗にして住みやすくするリフォームというのは、工夫をすれば30~40万円で実現できることが多いのです。

リフォーム会社さんや工務店さんを通してしまうと、そこへの支払いが発生するのでどうしても費用がかさんでしまいますが、私は職人さんに直でお願いをして、施工管理・進行管理は自分で行うという現場監督業務も担っています。

職人さんに職人さんを呼んでもらうという工夫もしています。最初は大工さんに床の張替えのお仕事をお願いして、次はその大工さんに信頼のおける水道屋さんやクロス屋さん、板金屋さんを紹介していただいて……というように、横のつながりが広がっていって、いまでは大体の工事ができるような状態になっています。

そして、職人さんにも、空いた時間にスポットで入ってもらう形を取っているので、同じリノベーションをリフォーム会社さんや工務店さんを通して実施するよりもかなりローコストで実現できているのです。

どこにお金をかけるのか、優先順位を決めて取捨選択する

そして何より、ローコストで住みやすくリノベーションするために大事なのは取捨選択です。

物件によって直さなければいけない箇所というのは千差万別なので一概には言えないのですが、最優先で手を入れることが多いのは、建物全体ではなくて1階部分の床です。特に北側のお部屋は、湿気で柔らかくなってズブズブになってしまっていることが多いのです。

足がはまるくらいまで傷んでいることは稀ですが、何年間か空き家になっていて、風通しが悪い状態が続いていると「床がちょっとふわふわする」という部屋が出てくるのです。そういった部屋は原因を確認して、白アリが発生していれば駆除して、湿気が原因であれば対策を施して、床板から直して上にフローリングやビニール製のクッションフロアを施工します。

また、古い物件になるとすべてが和室という家も少なくありません。さすがに全部和室だと住みづらいという人が多いので、その場合は一番状態の悪いお部屋を選んでフローリングに張り替えることで、住みやすさを担保するようにしています。

水回りは、お風呂やトイレより洗面化粧台を綺麗に

水回りは、お風呂とトイレはオーナーさんが途中で交換していることが多いので、丁寧にクリーニングしてそのまま使っていただくことがほとんどです。古いマンションやアパートだといまだにバランス窯の物件もありますが、戸建ての場合は築40年、50年の物件でも、バランス窯のお風呂は意外と少ないのです。

洗面化粧台については、40年前、50年前のものというのは設備として非常に古く、水しか出ないというものもあるので、そこはある程度手を入れるようにしています。毎日使う洗面化粧台が古くて汚くて使いづらいというのは借主さんにとってもストレスでしょうし、やはり最低限賃貸に耐えうる、気持ちよく

暮らすために必要な部分にはお金をかけるようにしています。

土壁はホームセンターの補修材で、自分で綺麗にできる

壁については、クロス貼りの物件については張替えを行いますが、土壁の物件は、ホームセンターに売っている補修材を買ってきて自分でコテで塗っています。

あとは、雨漏りが疑われるようなところは職人さんに屋根に乗ってもらって、怪しいところをコーティングしてもらいます。

物を撤去してきっちりクリーニングすると、意外と十分住めそうだなという感じになる物件も多いのですが、逆にいうと残置物の撤去が一番大変かもしれません。ただ、その残置物の撤去についても、複数の物件をまとめてお願いして費用を抑える工夫をしています。

最近では、リサイクル業者が引き取ってくれないような物品でも、新興国へ輸出する業者も出てきているので、そういった複数の業者に入ってもらうようにもしています。また、近所の方に無償でお譲りする譲渡会を開いたりして、ゴミとして処分するものは極力減らす努力をしています。

低家賃で借り手を見つけて、家賃収入を分配

リノベーションが終わったら、賃貸募集を開始します。リノベーションの費用を抑えているので、その費用を家賃に上乗せすることなく、古い分相場よりかなり安い家賃設定で募集をかけることができるのが強みとなります。

第2章でもご説明した通り、「ペット可」「高齢者歓迎」「DIY可能」「ルームシェアOK」を謳い、古くてもいいから広くて安い家賃で住める家を探している人とマッチングをします。

そして、無事借り手が見つかり、家賃収入が発生したら、その収入をオーナーさんと空き家活用センターでシェアするのです。分配率はリノベーションや残置物の処理にかかった費用によって変わりますが、少なくても2割、初期費用が少なかった物件については5割ほどをオーナーさんにお支払いしています。

不良債権だった「ダメ空き家」が収益物件に生まれ変わる!

仮に1か月の家賃が7万円、オーナーさんへの分配率が3割とすると月々の収入は2万1000円。年間で25万2000円。

正直そこまで大きな金額ではないかもしれません。しかし、風を通すためだけに遠方から交通費をかけて年に何度も通う必要もなければ、草刈りなどの管理費用もかかりません。そして、家賃収入で固定資産税は十分まかなえます。

今までは何の役にも立たず、管理費や固定資産税で赤字状態の不良債権だった「ダメ空き家」が、所有権は保持したまま、初期投資ゼロ、自己負担ゼロで収益物件に生まれ変わるのです！

管理委託だけを請け負うこともできる

丸投げ活用をお任せいただく場合、まずはオーナーさんと管理委託契約を結んで、その後リノベーション作業。そして、借主さんを探して、借主さんが見つかって家賃収入が発生したらその収入を分配するという流れですが、もちろん管理委託だけをお任せいただくことも可能です。

行政から管理不全空き家や特定空き家に指定されないように、草刈りや最低限の整備・管理をお任せいただき、猶予期間を設けつつ今後の対応を考えていただくということもできますので、「まずは管理だけお願いしたい」というオーナーさんにも気軽に相談してほしいと思っています。

更新料をゼロにして長く住んでもらうことが安定収入につながる

基本的に、空き家活用をお任せいただいた物件は更新料をいただいていません。

低家賃を魅力に感じて住んでくださっている借主さんに金銭的な負担を強いたくないというのも理由のひとつです。そして、更新をきっかけに引っ越しを検討されてしまい、新たな借主を探す手間や費用を考えたら、更新料をゼロにすることで住み続けていただいたほうが、借主にもオーナーにも、空き家再生に取り組む私にとってもメリットが大きいと考えるからです。

更新料をいただかない分、ちょっとした不具合の修理はご自分でやっていただくようにしていて、DIYもOKにしています。

一般的に戸建ての家は集合住宅よりも愛着が湧きやすいものですが、ご自身で手を入れていただくと、思い入れもひとしおとなりますよね。それもまた長く住み続けたいと思っていただける理由になっているのかなと思っています。

不良債権から収益物件へ

Before

出費ばかりがかさむ不良債権物件

- 水道光熱費
- 遠方からの交通費
- 草刈りなどの整備費
- 固定資産税

After

家賃収入で収益物件に

- 水道光熱費
- 遠方からの交通費
- 草刈りなどの整備費

（以上3項目）不要

- リノベーション費用
  空き家活用センターが負担し、
  家賃収入を分配することで相殺
- 固定資産税
  家賃収入で支払い、利益を出すことも
  可能

空き家活用センター側の利益はどうなっているのか？と思うかもしれませんが、心配はいりません。

これこそがほかの空き家再生業者とは違う、私の強みなのですが、自らの手を動かし、優先順位をはっきりさせてローコストでリノベーションを実現しているため、平均3年ほどで初期費用を回収し、利益化できるモデルを確立しているのです。

さらに、空き家再生事業だけでなく不動産事業も並行して経営していて、安定した利益を出しているという点も私の大きな強みです。つまり、空き家再生事業における1軒1軒の利益が少額で、初期費用回収までに多少時間がかかるとしても、そこで焦らずに利益化するまで待つ資金的な体力があるため、このようにオーナーさんに寄り添った仕組みを実現できているのです。

空き家丸投げ活用は一石三鳥のビジネスモデル

「物件自体は古いので今後使用する予定はないけど、子供や孫のために土地は持っておきたい」という方や、現行法では再建築ができないためにほかの会社から断られた方、そして先述したように「親戚の目があって、売ることは難しい」という方にとっては、丸投げ活用は不良債権と化した空き家を収益化できる素晴らしい方法ですよね。

さらに、借主にとっても低家賃で住めてお得で、活用をお任せいただいた私も将来的にきちんと収益が見込める。そして、環境負荷が少ない。職人さんも空いた時間に仕事を入れられる。空き家丸投げ活用はまさにＳＤＧｓに合致した一石三鳥四鳥のビジネスモデルといえます。

もちろん、空き家を今すぐ売ってしまいたい！というオーナーさんには、買い取りもご提案できます。オーナーさんに空き家のご相談をいただいた場合は、通常の売買仲介、私が経営している不動産会社による買い取り、そしていまご説明した丸投げ活用の３つは必ず入れてご提案しています。

買い取りに関しても、ほかの不動産会社何社かに買い取り価格の見積もりを出してもらって、比較検討していただいて、他社と比べて一番いい数字で買い取るように尽力しています。

不動産にまつわる価格、諸経費って、オーナーさんにとってはブラックボックスのように感じる部分が多いと思うのですが、私はそうした業界の商慣習にも疑問を持っているのです。

透明性、公平性を担保した形でご提案をすることが、オーナーさんの安心感、納得感、信頼感につながるというのが、空き家再生事業においても不動産業においても私のモットーなので、オーナーさんにご提案をする際にその点は常に忘れないようにしています。

オーナーが借主と直接賃貸契約を結んだ場合のリスク

ここまでご説明してきた「リノベーション費用を抑えて低家賃で貸し出す」という仕組みですが、これを実践できるのであれば、空き家活用センターに丸投げせずとも、オーナーが直接借主と賃貸契約を結んだほうがより大きな利益を得られるのではないかと考える方もいらっしゃると思います。

しかし本当にそうでしょうか。ここで改めて、オーナーが直接賃貸管理をした場合のリスクについておさらいしておきましょう。

大前提として、素人の方にとっての「これくらい整備すれば住めそうだ」はアテになりません。綺麗に掃除して、見えるところだけを最低限のリノベーションをして、外見的には問題がなさそうだと判断して貸し出したとしても、借主さんが住み始めてからさまざまなトラブルが起こることは珍しくないのです。

雨漏り、白アリ、カビ、ひび、ご近所問題……トラブルの種はいくらでもある

雨漏り、白アリの発生、水を使ってみたら浄化槽にひびが入っていた……。こうしたトラブルが起きるたびに業者を手配して、費用を支払って修理対応をしなければなりません、水漏れなどは、場所がすぐに特定できればまだよいですが、特定できなければ床を全部剥がして点検するような大掛かりな工事になることもありえます。

庭付きの一戸建てであれば、当然夏場は草も木も伸びてきますし、豪雨の後は側溝が詰まってしまったり、都度対応しなければならない雑事は数えきれないほどあります。遠方にお住まいのオーナーさんだったら、とても対応しきれるものではありません。

これらを借主さんが放置してご近所からクレームがきたら、その対応もしなければなりません。地方の場合は地域コミュニティとのコミュニケーションも

欠かせない仕事で、リノベーション中の騒音対応、町内会に入会するか否かの判断・対応、時には外壁が崩れて通行人が怪我をしたので補償をしなければならない、なんていうケースもあります。

丸投げ活用で空き家活用センターがいただく分配金は決して暴利ではない

こうした大小さまざまなトラブルについて、素人のオーナーさんが入っているような保険で補償される範囲は想像以上に手薄で、トラブルのたびに自己負担額が増え、結局利益は全然残らなかった……そんな失敗も幾度となく聞いたことがあります。

ですが、こうしたリスクについても空き家活用センターに管理をお任せいただければ、大家保険を活用しながら、オーナーさんの負担はゼロで解決することが可能なのです。先ほど例に挙げた、「外壁が崩れて通行人が怪我をした」というようなケースでも、空き家活用センターが管理者という立場で入っていれば、管理者の善管注意義務（一般的・客観的に要求される程度の注意をしなければならないという注意義務のことで、占有者、管理者、所有者それぞれに発生する）ということで、オーナーさんの責任を極力回避することができます。

空き家活用センターがオーナーさんにお出しする査定書には、複数の活用方法のご提案とそれぞれの活用方法の利回りはもちろん、前述のようなトラブルが起きた場合の対応はすべて空き家活用センターで行う旨も明記してあります。

家賃を全部自分の収入にできたら……と思うオーナーさんのお気持ちもよくわかりますが、管理リスクを考えると、空き家活用センターがいただく分配金は決して暴利なものではないということがわかっていただけると思います。

第3章では、オーナーさんの負担ゼロで空き家を丸投げ活用できる仕組みについてご説明しました。第4章では、具体的に私が空き家再生を手掛けた物件について、いくつかの例をご紹介していこうと思います。

第４章

「ダメ空き家」再生の実例とオーナーの声

第4章では、実際に私が経営する空き家活用センターで再生を手掛けた物件について詳しくご紹介していきます。

第3章で詳しくご紹介した「丸投げ活用」の事例もありますし、空き家活用センターで物件を買い取って、リノベーションして賃貸募集をした事例、家を解体して土地として販売した事例など、さまざまなケースがありますので、どんな物件でも何かしらの活用方法があるということがわかっていただけるのではないかと思います。

また、ここではグループ会社の事例も含め特に取り上げるべき物件をご紹介しています。今回ご紹介する事例とは状況が異なるような物件でもぜひご相談いただけたらと思っています。

事例1

2軒長屋を丸投げ活用

築年数：55年
間取り：2DK
平米数：36㎡

1軒は住居、劣化の激しい1軒は倉庫として貸し出し、活用に成功しました

まず最初にご紹介するのは、愛知県知多市にある2軒長屋の物件です。最寄駅から15分弱、１９７０年前後から住宅街として開発されたエリアです。

１軒は住居、１軒は倉庫として活用

もともと近所の空き家で活用できそうな物件を見つけたら、登記簿謄本でオーナーさんを確認しているのですが、偶然知り合いのお父様がオーナーさんだったので、知り合いを通じて丸投げ活用をご提案させていただきました。

オーナーさんは高齢の方で、外観を見てもらうとわかるのですが、もともとご自分が住んでいたわけではなくて、賃貸に出していた物件です。しかし、入居者さんが退去した後、数年間放置されていました。

築年数も経っているので、新規で賃貸募集をするには改修が必要な状態だったのですが、億劫になってしまってそのまま空き家になってしまったんですね。

それを、私が改修して、２軒長屋の１軒は住居用として賃貸活用し、もう１軒は劣化が激しかったので住居ではなく倉庫として貸し出しているというちょっと珍しい活用スタイルです。

住居用で貸し出したほうは、クリーニングとガス給湯器の交換、あとは電気まわりの整備を行いました。電気屋さんにお願いして漏電の危険がないかなどのチェックをしたほか、古い物件のため、天井に直でコンセントがついていたので、天井にシーリングライトをつけ整えました。

また、この物件は屋根に高いアンテナが立っていて、今後台風などで倒れるとお隣さんの屋根に直撃する危険性があったので、アンテナの取り外しも行いました。最小限だったので、改修も3日くらいで終わり、貸し出しまでスピーディーに進めることができました。

DIYをOKにして内装を楽しんでもらう

住居用で貸し出したほうの家賃は3万7000円です。DIYをOKにしたので、自分で内装したいという方が借りてくださり、楽しんでいただけています。

倉庫として貸し出したほうは、特に改修などはせず、家賃は2万5000円です。建築系の資材置き場として活用していただいています。

駐車場もあって、それぞれ1台ずつ停められるようになっており、倉庫の駐車場スペースにはガラ（建築廃材）をストックするコンテナも設置しています。

オーナーさんへのお戻しは3割弱程度で、大きな金額ではありませんが、固定資産税は十分賄えて、おつりがくるくらいです。オーナーさんのお子さんにしてみればいずれ自分が相続する物件なので、「放置されている状態で相続するより、管理は丸投げで収益化されているかたちになっているほうがありがたい」と、とても喜んでいただけました。

動物が入り込み天井が落ちていたので、漏電の危険がないかを確認して、電気回りを確認しました

最低限の改修で貸し出し、ＤＩＹを楽しみたい方が借りてくださいました

築年数：55年／間取り：2DK／平米数：36㎡

家賃：住居用３万7000円　倉庫用2万5000円

活用方法：丸投げ活用

オーナーさんへの還元額：18万円（年額）

事例2

畑付き一軒家を丸投げ活用

築年数：63年
間取り：5DK
平米数：89㎡

7～8年空き家だった物件も借り手を見つけることができました

次にご紹介するのは、愛知県知多市にある畑付きの一軒家です。最初にご紹介した物件の最寄駅は特急も停まる駅なのですが、この物件の最寄り駅は各停駅なので、よりのどかなエリアです。

制限の多い市街化調整区域なので買い手がつかなかった

家は駅から徒歩10分くらいの市街化調整区域（都市計画法に基づいて開発が抑制されている地域。建物を建てるときはもちろんのこと、建て替えや中古住宅を購入して、増改築・リノベーションをする場合にも、基本的に自治体に開発許可を受けなくてはならず、容積率や建ぺい率制限だけではなく、延床面積の1・5倍までなど一定の規模までしか建て替えが認められないなど制限が多い）にあります。

周りは畑ばかりのポツンと一軒家みたいなところで、道も狭く、家の前の道路幅は2mもないので軽自動車がギリギリ入れるかどうかという状態。要は買い手がつかなかった物件です。

オーナーさんは、一応不動産会社にお願いして売りには出していたようですが、2年間問い合わせすらなく、結局7~8年の間空き家状態だったそうです。

こちらも、私が空き家を探して近所を歩いているときに出会って、オーナーさんを調べて丸投げ活用をご提案しました。

畑が好きな高齢のご夫婦にとっては理想の物件

近所でもともと長屋に住んでいた70代のご夫婦が、建て替えで立ち退きを余儀なくされて、引っ越したものの生活が不便で困っていたところ、この物件に出会って借りてくださることになりました。

長屋から立ち退いた後は一旦違う借家に住んでいたのですが、そのご夫婦は家とは別に土地を借りて農作業にいそしむくらい畑が好きな方たちだったんです。それが、引っ越したあとは畑がだいぶ遠くなってしまったので、畑に近い家を探していたところで出会ったのがこの物件です。

80坪の土地に対して、家の間取りは5ＤＫでそれほど大きくないので、とにかく庭が広いんですね。なので、もともと借りていた畑も近くなるし、庭でも畑作業ができるし、まさにピッタリの物件だということになりました。高齢ということでなかなか審査が通りづらいなか、高齢者も歓迎の物件に出会えたという点でもとても喜んでいただけました。

空き家期間が長いとリノベーションにも時間がかかる

7〜8年の間空き家だったということで、結構手を入れる必要があり、リノベーションは1か月程度かけてしっかり行いました。

水回りについては、トイレはそのままで、給湯器と洗面台を交換し、洗濯機置き場を新設しました。もともと和式の汲み取り便所だったものを以前水洗化したときに、別の場所にトイレを作って、トイレだったところが物置みたいになっていたんです。なので、そこに洗濯パンを置いて洗濯機置き場を作ったというかたちです。

床については、湿気でふわふわしていた和室の床を張り替えて一部屋洋室にし、ほかの部屋は畳の表替えを行いました。

一番お金がかかったのは残置物の処分です。一軒家分の荷物が丸々残っていたので、本来なら結構な処理費用がかかるのですが、たまたま近くで別の物件の解体があったので、解体現場から車を回してもらって、通常より安くお願いすることができました。

トータルで50~60万円くらいはかかりましたが、相場よりはかなり安く収めることができたのではないかと思います。

月々の家賃は４万円台後半ですが、リノベーション費用が結構かかったこともあり、オーナーさんには2割程度をお戻ししていま す。

夫の元に嫁いだ女性の実家は放置されがち

オーナーさんは70代の女性の方です。もともとはご実家として住まれていた家でした。結婚後はご主人が建てた立派な家に住んでいらしたので、親が住まなく

残置物の処理も費用を抑えて実施することができました

なった後はこちらの物件は持て余して放置していた物件です。

私が丸投げ活用をご提案した際は、お子さんにも相談されたそうですが、土地の所有権は保有したまま活用してもらえるならぜひお願いしたいと賛成してくださいました。ご結婚されてご主人と一緒に新しい家に住むことになって、ほかに相続する兄弟もおらず実家の家を放置している高齢女性はほかにも多くいらっしゃいます。

高齢で不動産の売買・賃貸の当事者となる経験のない方だと、手続きに慣れていない場合も多く、放置しがちになるのですが、こうした方々にもこちらから積極的にお声がけして丸投げ活用をご提案していきたいと思っています。

広い庭は、畑仕事をしたいというご夫婦にとってピッタリの物件でした

傷んでいた畳は、すべて表替えを実施してから貸し出しを開始しました

築年数：63年／間取り：5DK ／平米数：89㎡

家賃：4万5000円

活用方法：丸投げ活用

オーナーさんへの還元額：10万8000円（年額）

事例3

空き家を買い取り、解体して土地として販売

築年数：48年
間取り：9DK
平米数：175㎡

近くにある工場エリアに勤める方が土地を購入してくださいました

当社で物件を買い取り、解体して土地として売ることになった愛知県知多市の空き家です。最寄駅から徒歩10分くらいなのですが、中京工業地帯の道路沿いを走る産業道路という大きな道路に近く、周りに大きな工場がたくさんあるエリアです。新日鉄、出光、中部電力、リクシルなどの製造工場や、サントリーの知多醸造所など名だたる企業の製造拠点となっています。

「とにかく早く手放したい」というオーナーさんもいる

オーナーさんは50代の女性で、もともとは自分たちで住んでいたのですが、引っ越して、そのあとは賃貸に出していたそうです。借主さんが退去されたタイミングで、「新たに賃貸に出すには劣化しすぎていてリノベーションも大変そうだからとにかく手放したい」とご相談をいただきました。

いくつかのプランをご提案させていただきましたが、最終的には空き家活用センターで買い取ることになり、オーナーさんには数百万円をお支払いすることができました。

買い取った後の活用法は自由に選べたのでリノベーションをして賃貸に出すことも検討したのですが、家の劣化が激しく、耐震診断士の方に診断してもらったところ、耐震強度があまりに足りないということで、解体して土地として販売することになったのです。

会社員でも手が届く郊外エリアの土地だった

大きな工場エリアに近く、ちょうどその工場群にお勤めの方が家を新築するための土地を探していらしたということで、空き家を解体している途中の段階で土地の買い手は見つかりました。

都内ほどではないにせよ、現在は東海地方も地価がどんどん上がっています。名古屋市はもちろん隣の東海市も名古屋市に引きずられて地価が高騰するなか、知多市くらいの郊外になると会社員でもギリギリ予算内で買えるということで、ニーズが高まっているエリアだということも強みとなりました。

このように、必ずしも丸投げ活用をご提案するわけではなく、「とにかく早く手放したい」というご要望であれば、そのニーズにあった活用法をご提案するよう心がけています。

解体して更地にした状態

解体した建物

事例4

日本家屋を丸投げ活用

築年数：51年
間取り：9DK
平米数：175㎡

9DKの広々物件は猫ちゃんと暮らすご夫婦が借りることになりました

４つめにご紹介するのは、愛知県常滑市の庭付きの９ＤＫで１７５㎡、庭に元々にわとり小屋だった納屋がある大規模一軒家で、駐車場付きの物件です。常滑市のなかでも住宅街で、最寄駅から徒歩４～５分の場所にあります。

部屋数が多いのでシェアハウスの問い合わせも複数あった

もともとオーナーさんは複数物件を所有されている方で、ほかの物件は買取など別の活用法をご提案したりもしていて、こちらの物件は築50年ほどで古いんですけど、とても綺麗にお使いで、清潔感もあって外観も美しいまま。味のある日本家屋という感じだったので、これは活用のしがいがあると思い、丸投げ活用を提案させていただきました。

とにかく部屋数が多いので、募集をかけるとシェアハウスとして住みたいという応募が４件くらいきました。玄関横の洋室を、ネイルやマッサージなどの商用で利用したいという問い合わせもいただきましたね。

近所にペット可物件を探していた夫婦とマッチング

私としてはシェアハウスも商用利用もウェルカムで、部屋ごとに鍵を付けて独立性を担保したり、DIYでお店として使えるようにしたりしていただけたらと思っていました。ただ、シェアハウスを検討していた方たちは、入居予定の方たちの意見を集約するのに時間がかかってしまって、結局一番早く申し込んでくださったのは、近所のアパートに住んでいた30代のご夫婦でした。

住んでいたアパートの建て替えが決まり、退去することになったのですが、退去費用も出してもらえて予算に少し余裕もあるので、せっかくだったら近くの一戸建てに住みたいと考えていたそうです。

ただ、猫ちゃんを2匹飼っていたため、ペット可の物件がなかなかなくて、そんなときにこの物件に出会ったということでした。

駐車場スペースも広いので車を2台、そしてにわとり小屋だったスペースは自転車置き場兼倉庫として活用していらっしゃいます。

きれいに住んでいたのでリノベーション費用も抑えられた

キッチンは既にリノベーション済みでとても綺麗だったのでそのまま使うことにして、ハウスクリーニングと残置物の撤去、あとは浄化槽の水漏れの改修で、リノベーション費用は30万円程度でした。

家賃は6万円強で、リノベーション費用があまりかからなかったこともあり、オーナーさんには4割弱をお戻ししています。

綺麗にお使いいただいていたのでオーナーさんにお戻しする金額も大きくでき、近所にペット可物件を探していた借主さんにとっても渡りに船でした。

地方だと相続等で複数の物件を所有されている方も珍しくありませんが、そうした場合は物件ごとに特性を見極めて最適な活用方法をご提案するようにしています。

ご夫婦とペットの猫
ちゃんが広々暮らせる
間取りで、借主さんに
も喜んでもらえました

キッチンはもともと改装されていたので、改装費用を抑えることができて、オーナーさんへの還元額も大きくすることができました

築年数：50年／間取り：9DK ／平米数：175㎡

家賃：6万5000円

活用方法：丸投げ活用

オーナーさんへの還元額：30万円（年額）

事例5

一軒家を購入して賃貸活用

築年数：53年
間取り：5DK
平米数：89㎡

白アリが発生した物件もリノベーションして賃貸物件として再生しました

次にご紹介するのは、愛知県東海市・太田川駅から徒歩8分ほどの一軒家です。太田川駅は商業施設の開発も進んでいるエリア。空港直通で20分、名古屋駅へも15分と交通の便も良く、立地は悪くないのですが、市街化調整区域となっており、建て替えやリノベーションには制限が多いのがネックです。

15年空き家状態で白アリも発生。権利関係も複雑だった

建物の劣化も深刻で、不動産会社5社に相談したけれど、どこも取り合ってもらえず、かれこれ15年は空き家状態が続いていました。

写真を見ても、そのまま住むにはかなり厳しい状態だったことがおわかりいただけると思います。調べてみると白アリも発生していることがわかりました。

市街化調整区域ということ、建物の劣化が深刻ということ以外にも、この物

件には大きな問題がありました。

物件の前面の道路が、隣にあるマンションの所有者である約45人にも所有権がある私道に接しているために、解体して再建築しようと思うと建築確認をとるのにそこの私道を使わせてくださいということで、45人全員に許可をとらなきゃいけないんです。

99％再建築不可の無理ゲー物件だった

さらに、その私道沿いには、この物件を含めて戸建てが4軒並んでいるのですが、私道に対してこの物件の建て替えのために建築確認を取ってしまうと、同じ道で建築確認を取ることはできないので、他の3軒は建築確認が取れなくなってしまうのです。そうなると、その3軒の戸建ての所有者は自分のところの建て直しができなくなってしまうので間違いなく建築確認に同意してくれません。

99％再建築不可、「無理ゲー」を絵に描いたような物件ですから、不動産会社がどこも相手にしてくれないのも当然です。

そんな八方ふさがりの物件ではありましたが、私はまず建物の状態を見せていただくことにしました。

その結果、白アリが発生してはいましたが、大工さんに直していただける範囲だったので、リノベーションをすれば賃貸活用できるのではないかと、当社で購入させていただくことにしたのです。

買い取りによって賃貸物件として再生を実現

古くて傷みもひどいし、市街地調整区域だし、権利関係は複雑でほぼ再建築不可。オーナーさんは「タダでもいいからとにかく手放したい」ということで、破格で購入させていただきました。

ご説明した通り再建築は難しいので、白アリ対策のために和室2部屋分の床を全部とって、下に張っている角材も全部取り替えて、2部屋分の床をごっそり交換しました。

床を替える際に、1部屋は洋室にして、もともと洋室だったけれど床がボロボロになっていた部屋は、クッションフロアを張り直し、和室の畳は表替えしました。さらに洗面台も交換して、かかったリノベーション費用は総額40万円くらいです。

古くて傷んではいたけれど、残置物がなく片付けられていたのは救いでした。

このように物件を買い取ってリノベーションを実施した結果、手間はかなりかかりましたが、無事借り手を見つけることができたのです。

入居された方は内装の技術がある方だったので、われわれが直しきれなかった部分は「あとは自分たちでやりますよ」と、ご自身でリノベーションを進め

リフォーム前の状態

リフォーム後は、こんなにきれいになりました

白アリが発生していた部分は床をはがして駆除し、対策しました

リフォーム後は、こんなにスッキリしました

ています。

こちらの物件も、ご結婚されてご実家を出られて、ご両親が亡くなった後に物件を相続されたという女性です。夫と子供と暮らす立派な家もある状態で、古くて権利関係も複雑な家を所有しているのはストレスでしかないですし、お子さんの代まで引き継ぎたくないというのが本音だと思います。

そんな状態の空き家でも、買い取って賃貸活用できたのは、まさに空き家再生事業の醍醐味を感じた事例でした。

所有していることがストレスで、タダでいいから早く
手放したいというオーナーさんもいらっしゃいます

築年数：53年／間取り：5DK ／平米数：89㎡

家賃：6万5000円

活用方法：当社で購入して賃貸活用

オーナーさんへの還元額：10万円（物件価格）

事例6

10LDK の大型一軒家

築年数：64年
間取り：10LDK
平米数：246㎡

10LDKの大型一軒家はにぎやかな大家族が住むことになりました

続いては、愛知県稲沢市の駅から徒歩11分のところにある、10ＬＤＫの大型の一軒家です。もともとは農家がたくさん住んでいて、畑の中に戸建てが点在しているようなエリアです。

広い間取りを魅力に感じた大家族が入居

この物件は、女性の方がお婿さんを迎えて、ご両親から相続した家にご家族で住んでいたという家です。ご主人が亡くなった後に、娘さんとコンパクトなマンションに住み替えようということで引っ越されて、こちらの物件は売却する予定で進めていました。しかし、諸事情で売却が難しくなってしまったため、放置しておくのももったいないのでどうにか活用できないかとご相談いただき、丸投げ活用をご提案しました。

10部屋もあるし、車も複数台停められるので、シェアハウスや寮としてのニーズがあるかなと思っていたのですが、お子さんが5人いらっしゃる大家族で、自営業のご主人に借りていただくことになりました。一番上のお子さんはもうご結婚されていますが、お孫さんもよく遊びに来るにぎやかなご一家なので、ドンピシャの方に借りていただけたと思っています。

住居と仕事用のコンテナを1か所に集約できた

さらにこの物件は、部屋数が多いだけでなく納屋とガレージもあるんですよ。ガレージもけっこう広いので、自営業のご主人が資材や在庫品などをガレージに入れて倉庫代わりに活用されています。もともとは一軒家とお仕事用のコンテナを借りていたそうなので、1か所に集約ができて、綺麗な庭もついていて、家賃は以前と変わらずということでとても満足していただいています。

リノベーション費用は結構かかっていて、総額で80万円程度でした。ずっとオーナーさんがお住まいになっていて、空き家の期間がほとんどなかったこともあってとても綺麗な状態ではあるのですが、もともとが売却予定で、売却が決まったら建物は解体して、買った人が新しく建物を建てるという段取りだったので、解体屋さんがキッチンなどの設備を撤去してしまっていたんですよ。

なので、リノベーションとしては、システムキッチンを入れ直し、2階の床がちょっとキシキシしていたのを大工さんに直してもらいました。

あとは、池もあるような立派な日本庭園だったので、最初に庭師さんを入れて、森みたいになっていたのを整備して復活させました。

間取りが10ＬＤＫでとにかく広いので、ルームクリーニングも結構費用がかかって、大きな金額になったという感じです。

改めて売却を検討していただく可能性も

間取りが広い分、家賃はほかの物件より高めで9万円。オーナーさんには3割強程度をお戻ししています。

入居後の浄化槽の整備やお庭の排水関係、駐車場にできた陥没の修理なども、私の会社で負担しました。

ゆくゆくは物件を購入したいというお話もいただいているんですよ。一度は諸事情で売却が立ち消えになってしまいましたが、もともとオーナーさんも売却を希望していたので、改めて売却を検討していただく可能性もありそうです。

やっぱり一戸建ては住んでいると愛着が出てくるんですよね。今の借主さんも、庭に花を植えたり、東屋にサンドバッグを吊るして趣味のボクシングの練習をしたり、この家での生活を満喫しているうちに、終の棲家にしたいという気持ちになってきたようです。オーナーさんと私の会社の管理委託契約が5年間なので、その期間を過ぎたら検討しようと思っています。

丸投げ活用で借主となってくださった方とのご縁が、売買につながっていくかもしれないというのも、新しい展開として可能性を感じています。

↓

ガレージも改修と掃除を行い、さまざまな用途で使えるスペースになりました

倉庫を掃除してきれいに整えました

築年数：64年／間取り：10LDK ／平米数：246㎡

家賃：9万円

活用方法：丸投げ活用

オーナーさんへの還元額：43万2000円（年額）

事例7

セカンドハウスを売買

築年数：58年
間取り：3DK
平米数：110㎡

20年以上空き家だったセカンドハウスは、森状態でした

次は愛知県知多市の一軒家で、もともとセカンドハウスとして使われていた物件です。女性のオーナーさんのおじいさまが趣味で建てられたので、数寄屋造りみたいな感じでちょっと凝った造りだったようです。

散歩がてら近所を歩いて回っているときに見つけて、オーナーさんにアプローチしたところ、ちょうど売りたいと思っていたということで、丸投げ活用ではなく売買仲介でお話を進めさせていただきました。

20年以上空き家だったセカンドハウス

近くに本宅があって、相続されたオーナーさんも結局本宅を使うので、セカンドハウスだったこの物件は相続されてからは誰も使っておらず、20年以上空き家状態でした。なので、庭は森状態、部屋の中は長年の埃が積もりに積もっていて、虫もたくさん。玄関の目の前に大きな蛇がいたときは本当にびっくりしました。屋根に穴も開いていていて、かなり傷んでいました。

そんな状態ですから、買い手を探すのは難しいかもしれないと思ったのですが、退職に伴って会社の寮を出ないといけないのだけど、子どもたちも独立して近くに家を買って住んでいるから、このあたりに家が欲しいと考えていた男性が購入し、ご夫婦で住んでくださることになったのです。

退職後の時間を使ってほとんどの部分をDIY

ずっとマンションに住んでいたので、できれば一戸建てがいいと思っていたことと、退職して時間ができるから古い家をDIYして住むのも楽しそうだと考えていたことで、この物件を気に入っていただけたようです。

水回りは私が紹介した工務店さんに直してもらいましたが、それ以外は知り合いの大工さんに道具を一式借りてきて、フローリングまで全部自分で綺麗に張って、お庭も森みたいな状態だったのを自分で開墾して1年くらいかけて綺麗にされています。退職されて時間があるから、楽しんで取り組めたようです。ほとんどご自身でリノベーションしているのに、とても綺麗に仕上げていらして、こういう丁寧な時間の使い方、暮らし方もあるのだなと気づかされました。

庭の部分の農地転用手続きもお手伝い

ただ、売買までは実はなかなか面倒が多い土地でもありました。今までもいくつかご紹介しましたが、この物件も市街化調整区域だったので、再建築のハードルが高く、古い家をそのまま売買しなければいけなかったのがまずひとつ。

さらに、敷地が100坪と広く、半分は庭として使っていたのですが、庭の部分は登記上の地目が農地になっていました。そうなると通常売買はできないのですが、畑を耕作する人もおらず庭として使われているし、まわりを住宅に囲まれた農地で、実態にそぐわないので農地転用（用途変更）のお手伝いをしたのです。こうした手続きをすべて私がサービスとしてお手伝いしたので、とても喜んでいただけました。

法律上の書類手続きが面倒で空き家を放置してしまう方も多いので、お手伝いできる部分はなるべくお手伝いして、空き家活用をあきらめないで済むようなサポートを心掛けています。

森状態だった庭も、買主さんが１年かけてきれいに整備しました

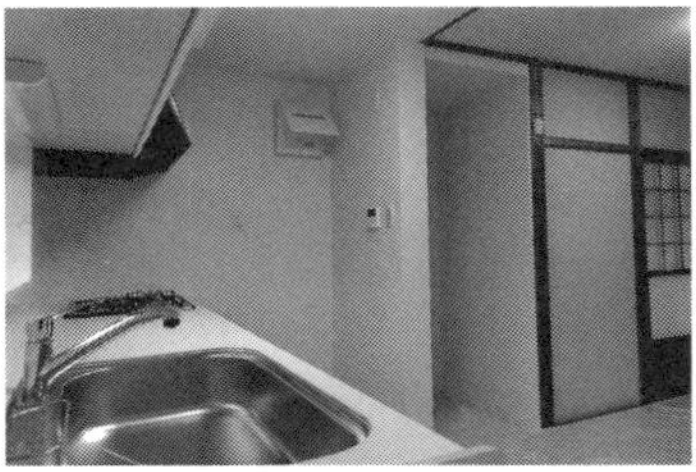

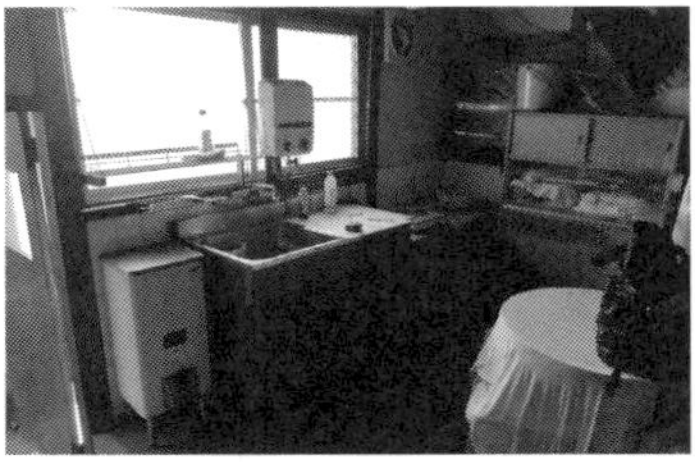

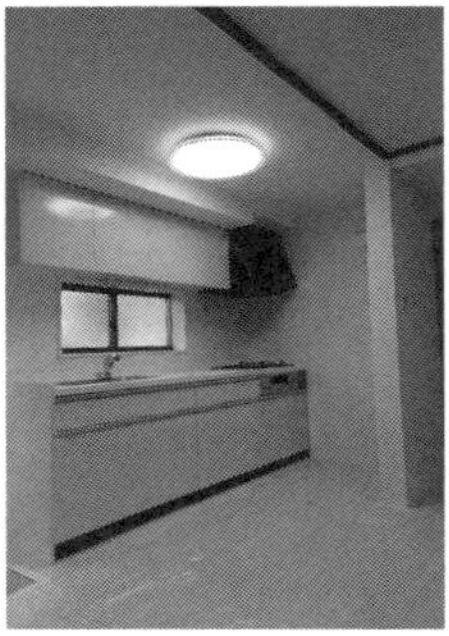

キッチンは残置物で溢れ、天井もはがれかけ、かなり傷んでいました

新品のキッチンに交換し、床、天井、換気扇も新しくしました

お風呂、洗面所、トイレなどの水回りは
当社が工務店を紹介して改修しました

築年数：58年／間取り：3DK／平米数：110㎡

活用方法：売買して購入者がDIY

オーナーさんへの還元額：数百万円（物件価格）

事例8

小さな平屋２軒を住居と倉庫で丸投げ活用

築年数：54年
間取り：4DK×２軒
平米数：52㎡

私道の先にある行き止まりの家は、屋根を敷地で採れる粘土で補修しました

こちらは、愛知県知多市にある、同じ敷地内に小さい平屋が2軒建っている物件です。もともと1軒はオーナーさんのご実家、もう1軒はオーナーさんがご結婚された後にご家族で住んでいらっしゃいました。

ただ、あまり便がいいところではなかったので、オーナーさん夫婦は新しい家を買って出ていって1軒が空き家になり、もう1軒はお母さまがひとりで住むことになったのです。

そしてお母さまが亡くなられて、2軒とも空き家になった状態でオーナーさんが相続されたというときに、私が活用をご提案しました。こちらも歩いていて空き家状態なのを発見したので、オーナーさんを調べてアプローチをしました。

鬱蒼とした森に囲まれた行き止まりの家

こちらの物件も市街化調整区域で、「こんなところに家があるんだ」というような立地です。ずっと農道が走っていて、農道から森のほうにぐっと入っていく私道があって、そこの一番奥みたいな場所。住んでる方しか通らない私道の先にある、行き止まりの家です。大きな車も入れないし、周りの田畑は耕作放棄地になっていて森みたいな状態になっていました。

特に隣は竹林なので、真っ暗な森の中みたいな状態です。前面の道路も私道で、４軒のオーナーがそれぞれ１／４ずつ権利を持っているので売却自体はできるし建築確認も下りるのですが、権利関係も少しややこしい。

何より道が狭いので、解体するにしても新築するにしても、重機が入ってこられない場所。なので物理的に再建築が難しい。

そんな状況で、相続はしたもののどうしようかと困っているタイミングで私がご連絡を差し上げたので、こちらのご提案をすぐご理解していただいて、お任せいただくことになりました。

ボロボロの1軒は倉庫として貸し出し

2軒のうち1軒は、息子さんが引っ越されて空き家になってから随分経つので、かなりボロボロの状態でした。水回りを修理するにもお金がかかるし、家が傾いて窓枠に隙間が空いているし、隣の竹林や森から葉っぱがいっぱい落ちてきて、雨樋に全部詰まっているし……。

さすがにこれを戸建てとして活用するのはかなりお金がかかるし、その後のメンテナンスも高額になりそうだったのですが、倉庫としてなら初期投資なしで活用できそうだと考え、既にコンテナを借りている友人に連絡をして、貸し出しを提案することにしました。

その友人は月1万円でコンテナを借りていたのですが、「広さは3倍で、費用は月5000円でどうかな」と話したら、即決してくれて、それまで契約していたコンテナを解約し、荷物を移して倉庫として活用してくれています。

住居用は、農業をはじめて間もない男性が住むことに

もう1軒、お母さまが住んでいらしたほうの平屋は、少し手を入れれば住めそうだったので、住居用として借主を探し、近くで農業を始めてまだ間もない若い男性が住んでくださることになりました。

それほど遠くないところにご実家もあるのですが、もっと畑に近くて、農機具を置いたりできるスペースもあるお住まいを探していたそうで、ニーズがぴったりと合いました。

家賃は住居が3万円台、倉庫が５０００円。オーナーさんには3割弱をお戻ししています。

住居用のほうは、生活していた荷物を運びだし、日当たりが悪くてズブズブになっていた床下を大工さんに直してもらって、リノベーションにかかった費

用は30万円程度です。

敷地内の粘土で屋根を修理

隣の土地の木の枝が風で揺れるたびに屋根に当たっていたせいで、瓦がずれて下の粘土が流れ出して雨漏りもしていましたが、これは私が自分で直しました。

雨樋も全部葉っぱで埋まっていたので、自分で脚立で屋根に登って掻き出しました。敷地内の山の斜面を掘って粘土を持ってきて屋根に積んで瓦を直して、ホームセンターで売っている瓦用のコーキング剤を上から注入して修理しました。まさか山の粘土が役に立つとは思いませんでしたが……まさに地産地消ですね（笑）。

自分でやれることはなるべく自分でやって費用を抑え、そのぶんオーナーさんや借主さんに還元したいと思っています。

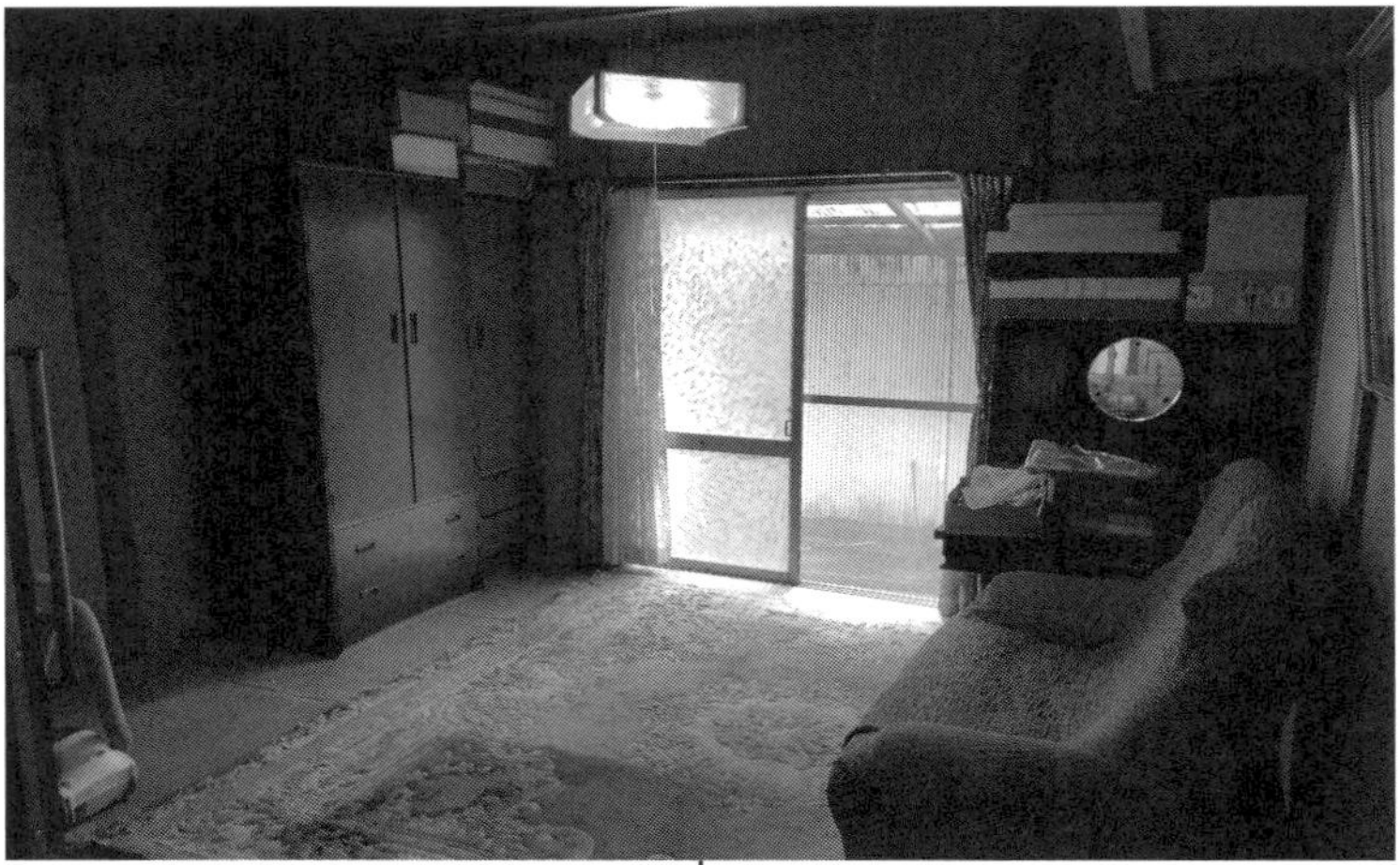

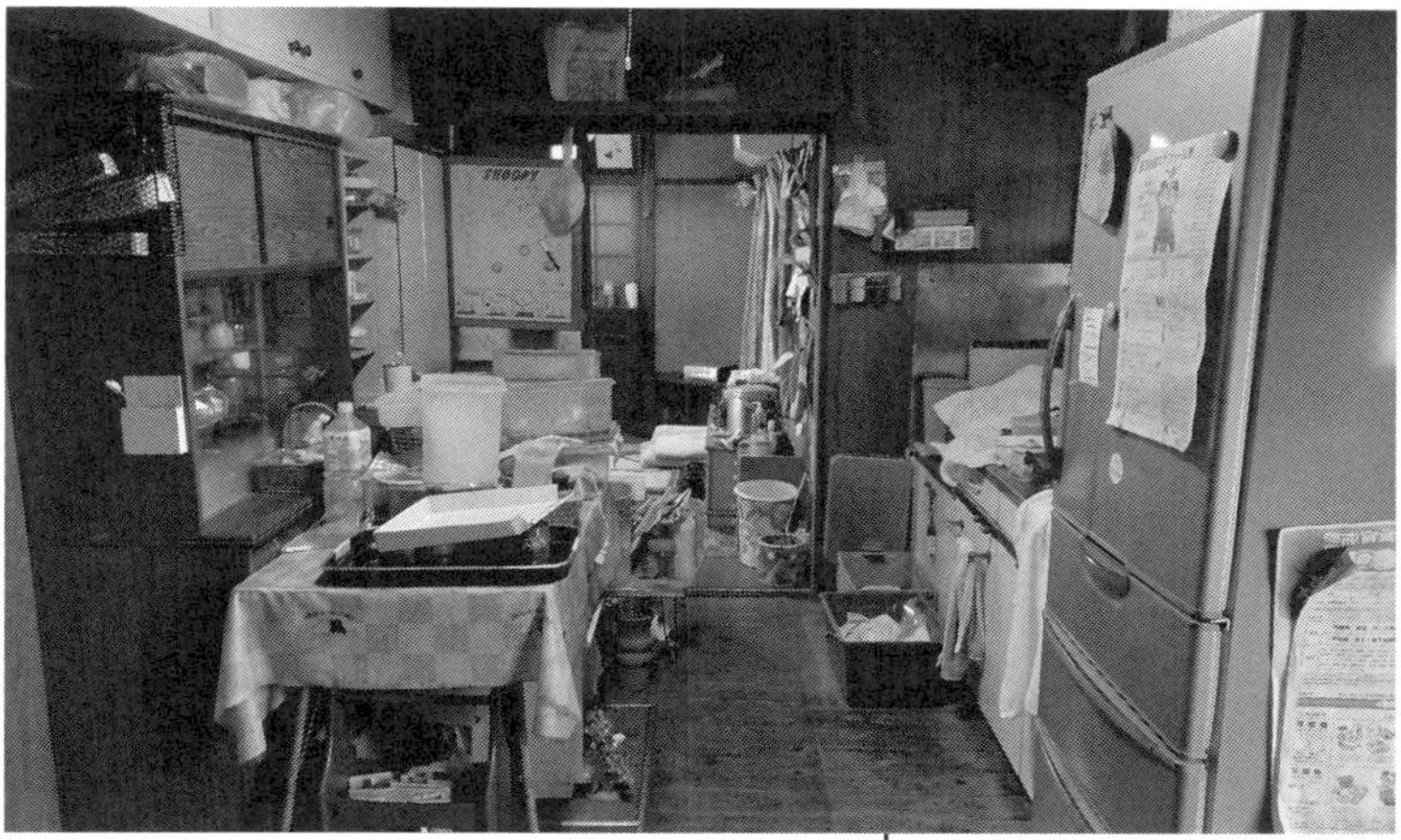

キッチンの残置物もきれいに片づけ、居間の床下の木組みを新しくして畳を張り替えました。

木の枝で瓦がずれて雨漏りしていた屋根は、敷地内の山から粘土を掘り出して修理しました

築年数：54年／間取り：4DK×２軒　／平米数：52㎡

家賃：4万2000円

活用方法：丸投げ活用

オーナーさんへの還元額：13万2000円（年額）

事例9

2軒の「再建築不可」旗竿地

築年数：49年
間取り：3LDK
平米数：71㎡

築年数：46年
間取り：3LDK
平米数：73㎡

間取りも構造もよく似た2軒の再建築不可物件も再生して貸し出しを開始しました

道路に接する間口の狭い細長い路地（竿部分）と、路地の奥に敷地（旗部分）がある、いわゆる旗竿地の活用も担当しました。こちらは、建築基準法で定められた接道義務（都市計画区域内で建物を建てる場合、原則として幅員4ｍ、特定行政庁が幅員6ｍ以上を道路として取り扱う区域は6ｍ以上の建築基準法上の道路に、2ｍ以上接した敷地（土地）でなければならない）を果たしていないために、今ある家を取り壊して新たに家を建てることができない再建築不可物件でした、このため活用が非常に難しい物件です。

そんな旗竿地で、間取りもよく似た2軒を、同時期に当社で買い取り、現在はリノベーションを終えて借主さんを探しているところです。

ご両親のことを思い出すと悲しくなるからと売却を希望

1軒目は愛知県半田市にある戸建てで、高齢のご夫婦が住んでいらっしゃったのですが、奥様が亡くなり、ご主人もその後施設に入られました。お子様が

キッチンを整えたり、畳の表替えなどを行って、どちらの家も貸し出せるように整備しました

相続されてオーナーとなったのですが、ご両親との思い出が詰まっているからこそ、思い出すとかえって悲しい気持ちになってしまうということで、売却を希望し、当社で買い取ることにしたのです。

半田市は人口も多く、官庁の出張所もある栄えたエリアです。買い取った戸建て自体は駅からは遠く車での移動が前提ですが、近くには湧水もあったりと自然豊かな環境です。

リノベーション費用は30万円程度で、畳の表替え、ふすまの張替え、壁紙の張替え、サッシ交換、水道の漏れ修理、リビングの床張替えなどを実施しました。

2軒目は、愛知県名古屋市の隣、東海市にある戸建てで、相続されたオーナーは既にご自分の家を所有していて、管理も大変なので手放したいということで、当社が買い取りました。

浴槽、洗面台、キッチンの水回り、床部分のクッションフロアへの交換などで、リノベーション費用は60万円程度でした。

どちらの物件も3LDKで70㎡程度なので、お子さんが1〜2人いらっしゃるご家族、静かで広い環境でペットを飼いたいという方にぴったりなのではないかと思っています。6万円弱の家賃で募集をスタートしたので、よい借主さんとマッチングできるよう尽力していきます。

築年数：46年／間取り：3LDK ／平米数：73㎡

活用方法：当社で購入して賃貸活用

オーナーさんへの還元額：数十万円（物件価格）

築年数：49年／間取り：3LDK ／平米数：71㎡

活用方法：当社で購入して賃貸活用

オーナーさんへの還元額：数十万円（物件価格）

事例10

民泊活用する明治28年築の古民家

築年数：130年
間取り：6DK
平米数：148㎡

築100年を超える古民家の再生にも可能性を感じています

白アリ駆除のために床をはがすと、さらに古い建物の木材を転用して使っていたことがわかりました

ここまでさまざまな空き家再生事例をご紹介してきましたが、最後にご紹介するのは、今までとは少し違う、愛知県常滑市で進めている古民家の民泊プロジェクトです。

常滑は焼き物の街として外国人にも人気の観光地

常滑は焼き物で有名な街で、近年は多くの外国人も訪れる人気の観光地です。中部国際空港もあり、先日訪れた際も平日にもかかわらずアジアからの来訪者を多く見かけました。

私はいま、そんな常滑でも特に人気のエリアである「常滑やきもの散歩道」沿いにある築130年の古民家を民泊として再生すべく奮闘しています。

500㎡近い土地で、明治28年築という、かなり年季の入った古民家で、ようやく内装の解体がはじまったところです。リノベーション費用は最低でも１０００万円はかかるのではないかと思っています。

街おこしとしても大きな可能性がある

最初はもう少し予算を抑えて、古民家カフェのような飲食店にすることも検討したのですが、周りに古民家を改装した飲食店は既にたくさんあるので、もう少し変わったことで外国人観光客の方に喜んでもらえそうなものをやりたいと考え、思い切って民泊に挑戦することになりました。

私が担うのは、古民家のオーナーさんと、建物の改修と民泊の運営を担当する会社をつなげて、なるべく費用を抑えてリノベーションするためのコンサルティングと資金提供です。最終的には、出資比率に準じて利益を還元していただくというビジネスモデルになっています。

初めての試みなので不安もありますが、今回の取り組みで成功事例がつくれれば、通常の賃貸活用よりも利益が大きいうえに、観光客にも喜んでいただけて、地域の活性化にもつながるので、街おこしという意味でも大きな可能性を感じています。

古民家に感じる歴史と可能性

雰囲気のよい古民家を探しているという問い合わせは年々増えていて、最近も土蔵つきの古民家を賃貸物件として仲介し、古民家カフェをやりたいという方のお手伝いをさせていただきました。現在当社が担当している物件は築40〜50年の戸建て住宅が多いのですが、今後はオシャレな店舗や民泊として活用できそうな古民家の取り扱いも増やしていきたいと思っています。

築100年を超えるような古民家は、大工さんが図面なしでゼロから組み立ているので、梁や柱がむき出しだったり、釘で打ったり、ビスで留まっていたりと現在の住宅とは構造がまったく違います。法律的にはクリアしなければいけない課題はたくさんありますが、だからこそ歴史を感じますし、お店や宿などの事業用としては魅力のある物件として大きな可能性を感じています。

今後、オーナーさんへのきめ細かいケアのために考えていること

さまざまな活用事例に携わる中で、オーナーさんや買主さんのためにより改善したほうがいいところも見えてきたため、新しい取り組みもはじめています。

まずは、元銀行員のスタッフを雇い入れることによる、提案体制の強化です。オーナーさんから売却を依頼され、無事買主さんが見つかった場合に、物件の売買はもちろん、買主さんの資産状況や、年収などを鑑みた上で、最適なローンプランを提案するまでをワンストップで行えるような体制を整えていきたい

と思っております。

さらに、近年賃貸物件において、若い方たちは動画を見て借りる家を決めるという流れが定着しつつあることを踏まえて、動画製作を実施。若い世代でリノベーション済中古戸建てや安い家賃の物件を探している層に、さらにしっかりリーチしていくつもりです。

そして、空き家活用をきっかけに知り合ったオーナーさんに対しての、コンサルティング事業もはじめました。空き家の活用をご依頼くださるオーナーさんには、駐車場や店舗など不動産を複数所有されている方も多いのですが、地元の高齢の不動産業者に管理をお任せしていて、ワープロでまとめた明細に賃料手渡し、契約は口頭などという例が少なくないのです。こうした、不明瞭なまま管理されている不動産について、きちんと整理して書面化するというコンサルティングにも取り組み始めました。

目の前の業務に精一杯取り組みつつ、取り組んだうえで見えてきた課題を解決するための改善は待ったなしではじめる。起業家としてこのマインドは忘れないようにしています。

おわりに

ここまで、私が空き家再生事業に取り組むようになった道のり、ほかの不動産会社や空き家活用業者からは断られるような物件も再生させてきた理由、オーナーさんの負担ゼロで空き家を収益化する仕組み、そして具体的な再生事例についてお話ししてきました。

特に第４章の事例紹介を見ていただくと、オーナーさんも借主さんも物件によってさまざまなご家族の事情や背景があるのだということがおわかりいただけたと思います。

売るに売れなくて不良債権化した「ダメ空き家」を放置しておくことでかかる金銭的、精神的ストレスは、想像以上にオーナーさんやそのご家族の心を疲弊させます。高齢のオーナーさんであればなおさらです。

再生事業によってそのストレスを少しでも取り除くことができて、オーナーさんの晴れやかなお顔を拝見したときは、この仕事に尽力してきてよかったとつくづく思います。

その思いは借主さんや買主さんに対しても同じです。立ち退きを迫られて次に住む家がなかなか見つからなかったり、高齢を理由に部屋を貸してもらえなかったりしていた方にお住まいをマッチングできたときは、ご用意したお住まいで穏やかな生活を送っていただけることを心から願っています。

空き家オーナー、空き家を探している方との交流から今後は、シェアハウスや寮としての活用、民泊や事務所としての貸し出し、保護犬や保護猫の施設としての運用などにも積極的に取り組んでいきたいと考えています。

高齢化がどんどん進むなかで、高齢者の方が気軽に集まれるようなコミュニティ施設をNPO法人と協業して創ったり、デイサービス施設として活用したいとのご相談を複数頂いています。ただ集まってお茶を飲んだり、囲碁を打ったり、そんなささやかな交流ができる空間があれば、地域で暮らす高齢の方の心の支えにもなるし、おひとりで暮らす高齢者の方の孤立を防ぎ、見守り合える社会を実現できるのではないか。そんな思いがあるからです。

正直、こういった福祉施設への活用は、金銭的利益はほとんど見込めないのですが……少しでも空き家が減って、高齢化が進む街で一人一人が暮らしやすい毎日を送れるということこそが社会にとっての大きな利益になると思っています。

空き家再生事業に携わってみて思うのは、増え続けていく空き家の問題は高齢化、核家族化、少子化といった日本が抱える問題の縮図だということ。そして、そんな空き家を再生させるということは、大袈裟にいえば家族を再生させ、地域社会を再生させるお手伝いなのだということです。

私自身ができることは1軒1軒の空き家と向き合い、自分で床を張って、屋根を直して……と本当に小さなことですが、その小さな一歩がオーナーさん、借主さん、買主さん、そして地域社会の笑顔につながるのだと信じて、奮闘していこうと思います。


ここまで読んでくださって、私の考える空き家再生事業の理念に共感してくださった方は、ご自身はもちろん、ご家族や親せき、お知り合いで空き家を持て余している、不動産関連で困っていることがあるという方がいらしたら、ぜひ一度私にご連絡をください。

また、空き家ビジネスを行っている投資家へ向けての情報提供も手掛けていきます。

オーナーさんのご希望、家の歴史、ご家族の思い、すべてに寄り添って一緒に解決策を探していきたいと思います。

藤川孝太郎

ふじかわ・こうたろう

愛知県出身。東京の大学を卒業しベンチャー企業に就職する。その後、地元にて銀行に入行し中小企業向けの融資業務を担当。後に、大手不動産会社へ転職し、10年程経験を積む。社会問題となっている空き家を活用することで、地域・社会に貢献すべく合同会社藤孝を創業し「あいち空き家活用センター」を立ち上げる。グループ会社に株式会社プロパティリンク「知州不動産」がある。空き家マイスター、空き家コンサルタント、宅地建物取引士。

本書を読んで、
「空き家活用」に興味を持った方は、
ぜひ、一度、著者が運営する
「あいち空き家活用センター」に
アクセスしてみてください。

あいち空き家活用センター
〒 478-0041
愛知県知多市日長字神山畔 89 番地

https://aichi-akiya.com/

費用ゼロで
空き家を活用する方法、
教えます。

2025年1月28日　初版第１刷発行

著　者　　藤川孝太郎

発行所　　株式会社 游藝舎
東京都渋谷区神宮前二丁目28-4
電話 03-6721-1714
FAX 03-4496-6061

印刷・製本　　中央精版印刷株式会社

編集協力　　田中三呂
デザイン・DTP　　本橋雅文（orangebird）